ciennes au Marché

# Alsace

Cuisines régionales de France

# Alsace

TEXTE

Sylvie Girard

PHOTOGRAPHIES

Christophe et Emmanuel Valentin

Éditions du Fanal

Vers quatre heures du matin, je me suis réveillé. Un vent frais me frappait le visage, la voiture, lancée au grand galop, penchait en avant, nous descendions la fameuse côte de Saverne. C'est là une des belles impressions de ma vie. La pluie avait cessé, les brumes se dispersaient aux quatre vents, le croissant traversait rapidement les nuées et par moments voguait librement dans un trapèze d'azur comme une barque dans un petit lac. Une brise qui venait du Rhin faisait frissonner les arbres au bord de la route. De temps en temps, ils s'écartaient et me laissaient voir un abîme vague et éblouissant; au premier plan, une futaie sous laquelle se dérobait la montagne; en bas, d'immenses plaines avec des méandres d'eau reluisant comme des éclairs, au fond une ligne sombre, confuse et épaisse, la Forêt-Noire, tout un panorama magique entrevu au clair de lune. Ces spectacles inachevés ont peut-être plus de prestige encore que les autres. Je savais que j'avais sous les yeux la France, l'Allemagne et la Suisse, Strasbourg avec sa flèche, la Forêt-Noire avec ses montagnes, le Rhin avec ses détours; je cherchais tout, je supposais tout, et je ne voyais rien. Je n'ai jamais éprouvé de sensation plus extraordinaire. Mêlez à cela l'heure, la course, les chevaux emportés par la pente, le bruit violent des roues, le frémissement des vitres abaissées, le passage fréquent des ombres des arbres, les souffles qui sortent le matin des montagnes, une sorte de murmure que faisait déjà la plaine, la beauté du ciel, et vous comprendrez ce que je sentais. Le jour, cette vallée émerveille, la nuit elle fascine.

La descente se fait en un quart d'heure. Elle a cinq quarts de lieue. Une demi-heure plus tard, c'était le crépuscule; l'aube à ma gauche étamait le bas du ciel, un groupe de maisons blanches couvertes de tuiles noires se découpait au sommet d'une colline, le véritable azur du jour commençait à déborder l'horizon, quelques paysans passaient déjà, allant à leurs vignes, une lumière claire, froide et violette luttait avec la lueur cendrée de la lune. (...) Le soleil se levait et la première chose qu'il me montrait, c'était un notaire de village faisant sa barbe à sa fenêtre, le nez dans un miroir cassé, sous un rideau de calicot rouge. Une lieue plus loin, les paysans devenaient pittoresques, les rouliers devenaient magnifiques; j'ai compté à l'un d'eux treize mulets attelés de chaînes largement espacées. On sentait l'approche de Strasbourg. Tout en galopant, nous traversions Wasselonne, long boyau de maisons étranglé dans la dernière gorge des Vosges du côté de Strasbourg. Là, je n'ai pu qu'entrevoir une singulière façade d'église surmontée de trois clochers ronds et pointus, juxtaposés, que le mouvement de la voiture a brusquement apportée devant ma vitre et tout de suite remportée en la cahotant comme une décoration de théâtre. Tout à coup, à un tournant de la route, une brume s'est enlevée, et j'ai aperçu le Munster (1). Il était six heures du matin. L'énorme cathédrale, le sommet le plus haut qu'ait bâti la main de l'homme après la grande pyramide, se dessinait nettement sur un fond de montagnes sombres d'une forme magnifique, dans lesquelles le soleil baignait çà et là de larges vallées. La montagne et la cathédrale luttaient de grandeur. Je n'ai jamais rien vu de plus imposant.

Victor Hugo, *le Rhin, lettre XXIX,* Strasbourg (août 1839).

(1) Munster *signifie "cathédrale" en allemand. Le mot est de la même origine que "monastère".*

SOMMAIRE



*Page 2 : la maison bleue de l'Écomusée d'Ungersheim.*

*Page 4 : Riquewihr, cité moyenâgeuse parfaitement conservée, est un des joyaux du vignoble alsacien.*

*Page 6 : le quartier de la Petite France, à Strasbourg, a gardé son côté pittoresque.*

| | |
|---|---|
| STRASBOURG | la Petite-France (canaux)<br>château des Rohan<br>Musée alsacien |
| HAGUENAU | Musée alsacien |
| WISSEMBOURG | Musée Westercamp |
| BETSCHDORF | Musée de la poterie |
| SOUFFLENHEIM | poteries artisanales |
| COLMAR | Musée Unterlinden |
| UNGERSHEIM | Écomusée de haute Alsace |
| KIENTZHEIM | Musée du vin d'Alsace |
| MULHOUSE | Musée de l'automobile<br>Musée du chemin de fer<br>Musée de l'impression sur étoffe |
| RIQUEWIHR | Musée de la poste<br>centre ornithologique |

Si l'Alsace ne représente en superficie que un et demi pour cent du territoire métropolitain, sa richesse se révèle d'autant plus grande et diverse. Peu avant son entrée triomphale dans la ville de Strasbourg en 1681, Louis XIV ne put cacher son admiration pour "ce beau jardin" qu'est l'Alsace, mais Montaigne, deux siècles auparavant, avait déjà qualifié les Alsaciens d'"excellents cuisiniers", non sans remarquer au passage avec ironie qu'ils ont "plus de soucy de leur disner que du demeurant".

Strasbourg et Colmar sont les deux pôles naturels d'une tradition gastronomique que la plupart des historiens font naître au XVIIIe siècle, puisque fut créé à cette époque le fameux pâté de foie gras en croûte. Mais il a fallu plusieurs centaines d'années de pratiques culinaires, de mœurs gastronomiques et d'habitudes gourmandes pour que l'Alsace devienne un haut lieu de la table. Le chou blanc d'Alsace, les arbres fruitiers, l'oie d'Alsace, l'élevage du porc et des bovins, l'industrie laitière et les réserves de gibier, entre autres, font de cette région de l'Est, Haut-Rhin et Bas-Rhin réunis, un lieu à part tant pour la créativité que pour le plaisir de bien manger.

L'Alsace doit en effet au talent de sa cuisine, qu'il s'agisse des maîtresses de maison ou des cuisiniers professionnels, d'avoir mêlé avec harmonie les traditions culinaires de l'Est, avec cette double attirance pour les charcuteries et les pâtisseries, les influences germaniques et juives, avec les soupes à la bière ou aux cerises, le goût des épices et les manières d'accommoder le poisson. En outre, le saindoux, la graisse d'oie, la bière et le parfum des vins locaux ne peuvent manquer de marquer la cuisine. Et si celle-ci connaît ses heures de gloire dans les grandes étapes gourmandes, elle reste en fait une préoccupation majeure jusque dans le moindre village, où la "Stube" (pièce qui sert à la fois de cuisine et de salle à manger, avec sa majestueuse cuisinière, son mobilier de bois, ses faïences, etc.) symbolise l'intimité familiale et la chaleur du foyer.

Il suffit de prononcer le mot Alsace pour qu'apparaissent aussitôt des visions de choucroute et de kugelhopf sur fond de cathédrale rose et de costumes folkloriques. Pourtant, la vie la plus simple et la plus rustique a souvent coexisté avec les raffinements citadins. La pomme de terre et le pain de seigle, la tarte à l'oignon ou aux fruits, sans parler du chou, ne sont finalement que des plats de pauvres.

L'Alsace est peut-être la seule province de France où la cuisine sache obéir à une double exigence, contradictoire dans l'apparence seulement, le sérieux et la jovialité. De la liturgie de la table comme on sait la pratiquer dans les moindres détails jusqu'au simple bonheur de la table, l'Alsace connaît visiblement tous les détours.

Cuisine de tradition alimentée par une stupéfiante richesse de produits, la cuisine alsacienne est jalonnée de plats presque rituels et des spécialités attachées à de nombreuses festivités. L'oie rôtie de la Saint-Michel ou la soupe aux cerises du soir de Noël, la choucroute du dimanche et les écrevisses pour les repas de noces (symbole de fertilité), le baekenofe du lundi (jour de lessive où les ménagères n'avaient pas le temps de cuisiner) ou le brochet aux nouilles du vendredi, etc., ne relèvent pas d'un lointain folklore médiéval, mais continuent d'inspirer les pratiques quotidiennes. Les rythmes du calendrier, ce sont aussi les produits saisonniers. La belle asperge blanche et moelleuse salue ainsi l'arrivée du printemps, tandis que le gibier, six ou sept mois plus tard, se pare d'un autre prestige. Cuisine souvent lente et sage qui se déguste en prenant son temps, la table alsacienne est toujours une affaire sérieuse.

## SOUPES ET POTAGES



## SALADES ET ENTRÉES FROIDES



## ENTRÉES CHAUDES



## POISSONS ET CRUSTACÉS

## VIANDES ET ABATS

## VOLAILLE



## GIBIER

## LÉGUMES ET GARNITURES

## ENTREMETS



## GÂTEAUX ET PÂTISSERIES

# Légumes ET Pâtes

Le légume roi ne peut être que le chou, âme de la choucroute, mais qui se sert aussi en salade, alors que l'on apprécie également le chou rouge aux marrons ou le chou-rave à la crème. Ce titre ne saurait en fait lui être contesté que par l'oignon qui, outre son rôle de condiment culinaire, intervient comme légume à part entière, notamment dans la tarte à l'oignon ou la tarte flambée. Les jets de houblon, s'ils sont traditionnels, sont évidemment plus rares, alors que la pomme de terre est l'un des éléments de base de la cuisine de tous les jours. Enfin, les nouilles et les pâtes constituent des garnitures de choix.

### LA CHOUCROUTE

Elle fait pour ainsi dire partie de l'âme alsacienne. Les moines s'en régalaient déjà au XVII^e^ siècle, et les familles continuent d'en faire un plat de résistance rituel. La choucroute, c'est donc d'abord du chou, mais du chou blanc, et d'une variété que les gens sérieux appellent "quintal d'Alsace". Émincé en très fines lanières à l'aide d'un rabot spécial, le chou est lavé, puis égoutté. On le met ensuite en couches dans un grand pot, chacune d'elles recouverte de gros sel, avec, selon le cas, des baies de genièvre ou du laurier. On presse bien le tout et, au terme de trois semaines en général, le chou est fermenté. C'est en fait une technique d'ensilage : l'action du sel sur les sucres que contient le chou suffit à produire assez d'acide lactique pour conserver le chou pendant tout l'hiver. Car la choucroute se fabrique en automne. La bonne choucroute craquante et acide s'achète donc en principe au début de la "campagne" de fabrication, vers la fin du mois de septembre ou en octobre. La même technique de fabrication s'applique aussi aux navets, qui, ainsi confits au sel, puis lavés et mijotés au saindoux avec de l'oignon, des pommes de terre et du lard fumé, faisaient jadis un rustique plat d'hiver. La vraie choucroute se mijote au vin et accepte des garnitures extrêmement variées, mais certains l'aiment croquante alors que d'autres la veulent fondante et dorée. Ses qualités diététiques sont incontestables (grande richesse en vitamine C et faible valeur

calorique, à la différence des garnitures), et l'on a remis au goût du jour des garnitures de poissons pochés et fumés qui ne sont pas si modernes qu'on le croit.

### SOUPES, POMMES DE TERRE ET FARINAGES

En dehors des villes, la soupe fait immanquablement partie du menu, qu'il s'agisse d'un consommé parfumé, d'un potage ou d'un véritable plat complet. Dans une catégorie assez légère, ce sont par exemple le consommé aux riweles (petites pâtes maison), la soupe à l'orge perlé ou le potage au houblon, alors que la soupe à la choucroute et aux rondelles de saucisse, la soupe aux noques (sortes de quenelles) ou la soupe aux œufs et aux épinards relèvent d'un genre plus consistant.
La cuisine de la pomme de terre est particulièrement inventive. Il y a bien entendu les salades, avec lardons ou jambon et oignons ou œufs durs, mais aussi les galettes de pulpe râpée que l'on fait rissoler à la graisse d'oie. Les pommes de terre portent en alsacien le nom de "grumbeere", littéralement "baies de terre", et la valeur que l'on attache à ces tubercules se traduit par des préparations parfois complexes, comme les knepfles ou les pflutters : les premières sont des boulettes de pâte pochées à l'eau ou au bouillon, servies arrosées de beurre ou gratinées, en entrée ou en garniture ; les secondes, appelées aussi floutes, sont une variante des noques, ou quenelles, arrosées de beurre noisette et de chapelure.
Plus original est le domaine des pâtes et farinages. Les spaetzle sont des miettes de pâte que l'on fait tomber dans de l'eau bouillante : égouttées, elles accompagnent surtout le gibier et les plats en sauce. Mais on apprécie également les simples nouilles que l'on prépare encore souvent aujourd'hui à la maison. Citons encore les schnidespätzle, sortes de gros ravioli farcis à l'oignon, et les boulettes de semoule.

### DE SUBLIMES ASPERGES

Peut-être est-ce pour faire contrepoint aux nourritures roboratives de l'hiver, avec ses ragoûts et ses féculents, que l'asperge connaît en Alsace, de la mi-avril jusqu'à la Saint-Jean, une telle frénésie, une telle passion. C'est un pasteur nommé Heyler qui, dans les années 1870, vint s'installer à Hoerdt, dans le Bas-Rhin. De retour d'Algérie, il conseilla à ses paroissiens, qui avaient hérité de terres sablonneuses, la culture de l'asperge blanche, et ce fut un succès général. Certains restaurants aujourd'hui ne fonctionnent que pendant la saison et proposent à longueur de repas ces délicieuses asperges fondantes avec trois sauces différentes (mayonnaise, vinaigrette et hollandaise) et des tranches de jambon cru fumé, que l'on accompagne d'une bouteille de muscat ou de tokay. Comme une manière gourmande de célébrer le retour des beaux jours. Les trois centres alsaciens de production des asperges sont Hoerdt, Horbourg, près de Colmar, et Village-Neuf, dans la région de Saint-Louis.

*Outre le chou, la cuisine alsacienne fait la part belle aux légumes, même les plus rustiques, céleri et salsifis, navets et radis noirs.*

## La soupe des vendangeurs

Elle faisait partie du repas des vendanges en Alsace, mais on peut la servir à tout moment de l'année, compte tenu de la facilité de sa préparation.

**PRÉPARATION :** 15 minutes
**CUISSON :** 45 minutes

**Pour 4 personnes**

- **2** *poireaux*
- **2** *gros oignons*
- **4** *grosses pommes de terre*
- **100 g** *de beurre*
- *noix muscade*
- **20 cl** *de crème fraîche*
- **1** *bouquet de ciboulette*
- **8** *saucisses de Strasbourg*
- *sel et poivre*

**1.** Parez et lavez les poireaux. Émincez-les. Pelez les oignons et coupez-les en fines rondelles. Pelez les pommes de terre et coupez-les en tranches ou en cubes.

**2.** Faites fondre 60 g de beurre dans une grande casserole, ajoutez les poireaux et les oignons. Remuez sur feu modéré pour faire suer sans coloration. Salez, poivrez et muscadez. Versez 1,5 litre d'eau et ajoutez les pommes de terre. Portez à ébullition.

**3.** Lorsque les légumes sont cuits, incorporez la crème et le reste de beurre en fouettant. Rectifiez l'assaisonnement. Ciselez la ciboulette.

**4.** Une dizaine de minutes avant de servir, faites pocher doucement les saucisses dans une casserole d'eau chaude, sans la faire bouillir. Servez la soupe dans des assiettes très chaudes, ajoutez la ciboulette et servez les saucisses chaudes en même temps.

Vous pouvez aussi, en même temps que la ciboulette, ajoutez un troisième oignon finement haché et bien doré dans un peu de beurre.

LA SOUPE DES VENDANGEURS

## La salade de gruyère aux pommes de terre

Grand classique des entrées froides, la salade de gruyère aux oignons s'associe souvent à d'autres ingrédients, comme le cervelas en rondelles ou les pommes de terre.

**PRÉPARATION :** 20 minutes
**CUISSON :** 20 minutes

**Pour 4 personnes**

- **400 g** *de pommes de terre*
- *vin blanc*
- **1** *oignon*
- *ciboulette*
- *huile de tournesol*
- *vinaigre de vin blanc*
- *moutarde*
- **400 g** *de gruyère*
- *sel et poivre*

**1.** Lavez les pommes de terre, faites-les cuire dans leur peau, égouttez-les, puis pelez-les et coupez-les en rondelles. Arrosez-les aussitôt avec 1 cuillerée à soupe de vin blanc et préparez les autres ingrédients.

**2.** Pelez et hachez finement l'oignon. Ciselez la ciboulette. Préparez une vinaigrette très relevée avec l'huile de tournesol, le vinaigre de vin blanc, le sel et le poivre et de la moutarde à votre goût.

**3.** Détaillez le gruyère en lamelles fines ou en bâtonnets. Mélangez le gruyère, les pommes de terre et l'oignon dans un saladier. Ajoutez la vinaigrette, mélangez à nouveau délicatement mais à fond. Servez aussitôt.

Les pommes de terre doivent s'imbiber de vin blanc pour bien se parfumer, mais, dès que l'assaisonnement final est versé sur le mélange pommes de terre-gruyère, ne laissez pas attendre la salade.

LA SALADE DE GRUYÈRE AUX POMMES DE TERRE

LES NAVETS CONFITS

## Les navets confits

En Alsace, on prépare les navets comme le chou, en choucroute. La choucroute de navets, c'est-à-dire les "suri rueva" (raves suries), se fait ensuite braiser à la graisse d'oie avec des oignons, des aromates, ainsi qu'une garniture de viandes et de saucisses.

**PRÉPARATION :** 30 minutes

**MACÉRATION :** 12 jours

**CUISSON :** 1 heure 30

**Pour 6 personnes**

- **1,5 kg** *de gros navets*
- *gros sel*
- *poivre en grains*
- *baies de genièvre*
- **2** *oignons*
- **50 g** *de graisse d'oie*
- **500 g** *de lard demi-sel*
- *laurier, clous de girofle*
- **2** *verres de vin blanc*

**1.** Pelez les navets, retirez les parties trop fibreuses et râper les raves en longs filaments pas trop fins. Tassez une couche de navets râpés sur 6 à 7 cm d'épaisseur dans un pot en terre, salez, ajoutez du poivre en grains et des baies de genièvre. Superposez ainsi 5 ou 6 couches, en tassant bien.

**2.** Lorsque le pot est rempli, posez un poids dessus, couvrez d'un torchon et mettez le pot dans le réfrigérateur pendant une douzaine de jours. Pour utiliser la choucroute de navets, videz l'eau de fermentation et rincez longuement les navets à l'eau froide, puis faites-les blanchir à l'eau bouillante.

**3.** Pelez et émincez les oignons. Égouttez les navets à fond. Faites chauffer la graisse d'oie dans une cocotte, ajoutez les oignons et faites-les revenir, puis versez la moitié des navets. Coupez le lard en grosses tranches et posez-les sur les navets, ajoutez 1 feuille de laurier émiettée et 3 clous de girofle.

**4.** Couvrez avec le reste de navets et versez le vin blanc, en ajoutant 2 verres d'eau. Couvrez et portez à la limite de l'ébullition, puis mettez la cocotte dans le four et faites cuire doucement pendant 1 heure 15 à 170 °C.

Vous pouvez compléter ces navets confits comme une choucroute avec des portions de jambonneau, des saucisses de Strasbourg à pocher et des côtes de porc braisées ou poêlées.

## La soupe à l'orge perlé

Les soupes sont souvent préparées avec du bouillon et des boulettes de farine, de la farine roussie ou de la chapelure, mais l'orge, matière première de la bière, constitue une autre base de potage.

**PRÉPARATION :** 15 minutes | **CUISSON :** 2 heures

**Pour 4 personnes**

**125 g** *d'orge perlé*
**2** *branches de céleri*
**2 l** *de bouillon de bœuf ou de volaille*
*sel et poivre*

**1.** Lavez l'orge perlé à l'eau tiède et égouttez-le. Nettoyez les branches de céleri et émincez-les très finement.

**2.** Mettez l'orge et le céleri dans une grande casserole. Versez le bouillon de bœuf ou de volaille et portez à la limite de l'ébullition. Faites cuire à petits frémissements pendant 2 heures. Salez et poivrez.

Vous pouvez ajouter, quelques minutes avant de servir, 1 tasse de lait entier ou de crème fraîche pour lier le potage.

LA SOUPE À L'ORGE PERLÉ

LA PURÉE DE CÉLERI

## La purée de céleri

Comme tous les légumes hauts en saveur, le céleri est bien apprécié dans la cuisine alsacienne. Il accompagne parfaitement le gibier et la volaille.

**PRÉPARATION :** 20 minutes | **CUISSON :** 30 minutes

**Pour 6 personnes**

**800 g** *de céleri-rave*
**1** *citron*
**200 g** *de pommes de terre*
**100 g** *de beurre*
**20 cl** *de crème fraîche*
*noix muscade, sel et poivre*

**1.** Pelez soigneusement le céleri-rave en retirant les "yeux", puis coupez-le en morceaux réguliers. Citronnez-les pour les empêcher de noircir. Pelez les pommes de terre et lavez-les. Coupez-les en morceaux de même taille que le céleri pour que les deux légumes cuisent dans le même temps.

**2.** Mettez le céleri et les pommes de terre dans une casserole, couvrez d'eau et salez. Faites cuire sur feu modéré pendant 30 minutes puis égouttez soigneusement les légumes et faites-les sécher pendant quelques minutes dans le four tiède. Réduisez-les en purée fine, au tamis ou au presse-purée, mais en évitant le mixeur.

**3.** Mettez la purée dans une casserole et incorporez le beurre en travaillant le mélange sur feu doux avec une cuiller en bois. Ajoutez enfin la crème fraîche et fouettez quelques minutes. Salez, poivrez et muscadez. Servez très chaud.

LES NOUILLES FRAÎCHES À L'ALSACIENNE

## Les nouilles fraîches à l'alsacienne

Les nouilles sont une grande spécialité de la cuisine alsacienne familiale, où elles constituent la garniture des plats en sauce, surtout de viande et de gibier, mais aussi de poisson. Elles sont toujours riches en œufs.

**PRÉPARATION :** 30 minutes
**REPOS :** 1 heure 30
**CUISSON :** de 7 à 8 minutes

**Pour 6 personnes**

**7 ou 8** *œufs*
*vinaigre de vin blanc*
**500 g** *de farine fine, sel*

**1.** Cassez les œufs et mettez-les dans une grande terrine. Ajoutez 10 g de sel environ et 1 cuillerée à café de vinaigre de vin blanc. Mélangez, puis versez la farine peu à peu en mélangeant. Travaillez ensuite la pâte pendant plusieurs minutes jusqu'à consistance bien lisse, puis roulez-la en boule dans un torchon sec et laissez reposer pendant 1 heure.

**2.** Reprenez la pâte et partagez-la en portions de la grosseur d'une balle de tennis. Farinez le plan de travail et abaissez chaque boulette de pâte en couche fine de 2 mm d'épaisseur, puis laissez sécher ces abaisses pendant 30 minutes environ en les retournant souvent. Vous pouvez aussi les faire sécher en les suspendant à une cordelette ou en les posant à cheval sur un manche à balai.

**3.** Au terme de ce repos, roulez chaque abaisse de pâte sur elle-même en la farinant, puis découpez-les en tranches de 3 à 4 mm de large. Déroulez-les ensuite pour obtenir les nouilles, que vous étalerez ensuite sur un grand plateau sans les entasser.

**4.** Remplissez d'eau une grande marmite et salez; portez à ébullition puis plongez-y les nouilles. Laissez ensuite pocher à feu très doux, de 7 à 8 minutes. Égouttez les nouilles et arrosez-les de beurre fondu.

Un procédé classique consiste à réserver une poignée de nouilles que l'on fait rissoler à part dans du beurre et qui sert de garniture sur les nouilles fraîches cuites à l'eau.

LES KNEPFLES

## Les knepfles

Sorte de quenelles, gnocchi ou boulettes de pâte pochés dans de l'eau ou du bouillon, les knepfles (ou knepfes, voire knœupfs) sont servies arrosées de beurre ou gratinées, en entrée ou en garniture de viande.

**PRÉPARATION :** 15 minutes
**REPOS :** 2 heures
**CUISSON :** 30 minutes

**Pour 6 personnes**

**500 g** *de farine*
**3** *œufs*
*noix muscade*
**25 cl** *de lait entier*
**125 g** *de beurre*
**2** *grandes tranches de pain*
**125 g** *de gruyère râpé*
*sel et poivre*

**1.** Tamisez la farine et versez-la dans une terrine. Cassez les œufs et battez-les en omelette, salez, poivrez et muscadez. Ajoutez le lait et mélangez. Incorporez cette préparation à la farine jusqu'à consistance bien homogène. Couvrez et laissez reposer pendant 2 heures. C'est un plat idéal à préparer à l'avance.

**2.** Remplissez d'eau une grande casserole, salez et portez à ébullition. Faites en sorte d'obtenir des bouillonnements réguliers. Prélevez des portions de pâte et façonnez-les en boulettes à l'aide de deux cuillers. Plongez-les dans l'eau bouillante et faites-les pocher sans trop les entasser, en comptant une dizaine de minutes à chaque fois. Lorsque toutes les knepfles sont cuites, rangez-les dans un grand plat à gratin.

**3.** Faites fondre 30 g de beurre et coupez le pain en petits dés. Faites-les rissoler en les remuant souvent. Faites aussi fondre le reste de beurre et écumez-le, salez et poivrez. Arrosez les knepfles de beurre fondu, parsemez-les de petits dés de pain rissolés et poudrez de fromage. Servez aussitôt.

Si vous servez les knepfles en garniture d'un rôti, arrosez-les avec le jus de la viande au lieu du beurre fondu. Quand on servait jadis ce plat après la soupe, les jours maigres, on proposait en même temps des fruits séchés.

LES PFLUTTERS

## Les pflutters

Encore une autre recette à base de pommes de terre, ces pflutters, ou floutes, sont une variante des quenelles ou noques.

**PRÉPARATION :** 15 minutes

**CUISSON :** 10 minutes

**Pour 4 personnes**

**500 g** *de purée de pommes de terre*
**2** *œufs*
**30 g** *de semoule*
**50 g** *de farine*
*noix muscade*
**100 g** *de beurre*
**125 g** *de mie de pain rassise*
*sel et poivre*

**1.** Mettez la purée dans une terrine, ajoutez les œufs entiers, la farine et la semoule. Salez, poivrez et muscadez. Mélangez intimement pour obtenir une pâte consistante. Façonnez cette pâte en bouchons ou en boulettes.

**2.** Remplissez d'eau une grande marmite, salez et portez à ébullition. Faites-y tomber les pflutters et laissez-les cuire 10 minutes. Beurrez un plat creux.

**3.** Faites fondre le reste de beurre dans une casserole. Faites-le chauffer jusqu'à coloration à peine dorée puis émiettez-y la mie de pain rassise. Faites-la blondir en remuant avec une spatule.

**4.** Égouttez soigneusement les pflutters et mettez-les dans le plat beurré. Arrosez-les aussitôt de beurre noisette et de chapelure blonde. Poivrez et servez sans attendre.

## La soupe à la bière

Particulièrement réconfortante en hiver quand elle est servie brûlante, cette soupe demande une bière blonde assez amère.

**PRÉPARATION :** 10 minutes
**CUISSON :** 30 minutes

**Pour 6 personnes**

- **2 l** *de bouillon de volaille*
- **30 cl** *de bière blonde*
- **250 g** *de mie de pain*
- *noix muscade*
- **10 cl** *de crème fraîche épaisse*
- *sel et poivre*

**1.** Versez le bouillon dans une casserole, ajoutez la bière et émiettez le pain dans le liquide. Portez lentement à ébullition en remuant. Salez, poivrez et muscadez.

**2.** Couvrez et faites cuire doucement pendant 30 minutes en remuant de temps en temps. À la fin de la cuisson, passez le contenu de la casserole au mixeur, puis incorporez la crème. Goûtez et rectifiez l'assaisonnement. Servez brûlant.

Vous pouvez ajouter une pointe de cannelle et quelques clous de girofle.

LA SOUPE À LA BIÈRE

LA TARTE AUX ASPERGES

## La tarte aux asperges

De la mi-avril jusqu'à la Saint-Jean, les asperges blanches sont reines en Alsace, où existe même une Confrérie des asperges qui célèbre la gastronomie de ce légume délicat. On le déguste nature, mais également dans des recettes plus élaborées comme cette tarte chaude.

**PRÉPARATION :** 25 minutes
**CUISSON :** 50 minutes

**Pour 6 personnes**

- **250 g** *de pâte brisée*
- **1 kg** *d'asperges blanches*
- **25 cl** *de crème fraîche*
- **20 cl** *de lait*
- **4** *œufs*
- *noix muscade*
- *sel et poivre*

**1.** Abaissez la pâte sur le plan de travail légèrement fariné et garnissez-en une tourtière de 30 cm environ. Versez-y une couche de haricots secs et faites cuire le fond de tarte à blanc dans le four à 200 °C pendant une dizaine de minutes. Retirez les haricots secs et réservez la croûte.

**2.** Pendant ce temps, pelez les asperges et faites-les cuire 10 minutes dans l'eau bouillante salée, rafraîchissez-les et égouttez-les à fond. Coupez les pointes et réservez-les.

**3.** Passez les tiges au mixeur et mélangez-les avec la crème, le lait et les œufs battus en omelette. Salez, poivrez et muscadez. Versez cette purée sur le fond de tarte, puis disposez les pointes d'asperges par-dessus. Remettez la tarte dans le four et faites cuire pendant 40 minutes environ jusqu'à belle coloration dorée. Servez chaud.

Vous pouvez ajouter à la garniture des languettes de jambon blanc ou des petites lamelles de gruyère.

## NE CONFONDONS PAS CARVI ET CUMIN

Ces deux épices sont très souvent confondues en raison d'une similitude de goût et d'aspect. En effet, le carvi, surnommé cumin des prés ou des montagnes, est cultivé pour ses graines brunes et allongées qui, séchées, condimentent notamment la choucroute et les ragoûts, mais aussi certains fromages comme le munster et le gouda. En Hongrie et en Allemagne, il est très populaire et parfume en outre le pain et la pâtisserie. En Angleterre, il aromatise les pommes de terre cuites et

les biscuits. Il est en outre largement utilisé par les liquoristes qui font appel à lui pour le kummel, le schnapps et l'aquavit.
Le cumin n'est pas d'origine européenne comme le carvi, mais il vient d'Orient. Les Romains en faisaient grand usage et, au Moyen Âge, il fut largement employé dans les sauces. Aujourd'hui, il condimente essentiellement le pain et certaines charcuteries, mais fait aussi partie du mélange d'épices du curry. Alors que les graines de carvi sont brillantes et brunâtres, celles du cumin sont en général encore recouvertes d'une écorce couleur de seigle.
Les autres épices d'utilisation courante dans la cuisine alsacienne sont les baies de genièvre, la cannelle et l'anis, ainsi que les graines de pavot.

LA SALADE DE CHOUCROUTE

## La salade de choucroute

C'est avec de la choucroute crue que l'on prépare cette délicieuse salade à la saveur acidulée. La choucroute "nouvelle", prête fin septembre ou début octobre, est particulièrement croquante.

**PRÉPARATION :** 15 minutes
**PAS DE CUISSON**

**Pour 4 personnes**

**250 g** *de choucroute crue*
**2** *blancs de volaille cuits*
*huile*
*moutarde*
**1** *citron*
*vin blanc*
*cumin en grains*
**1** *bouquet de ciboulette*
*sel et poivre*

**1.** Lavez la choucroute à l'eau froide, puis essorez-la en la pressant dans vos mains, mettez-la dans une passoire en l'effilochant.

**2.** Retirez éventuellement la peau des blancs de volaille, puis taillez-les en languettes. Préparez une vinaigrette bien relevée avec 4 cuillerées à soupe d'huile, 1 cuillerée à café de moutarde, le jus du citron et 1 cuillerée à soupe de vin blanc, salez et poivrez.

**3.** Mettez la choucroute dans un saladier, ajoutez 1 cuillerée à café de cumin et la vinaigrette et mélangez. Ajoutez les languettes de volaille et remuez encore une fois délicatement. Parsemez de ciboulette ciselée et servez.

Vous pouvez remplacer les blancs de volaille par du jambon blanc en petits dés ou des rondelles de cervelas.

## La sauce au raifort

Le raifort est un condiment courant de la cuisine alsacienne et allemande, notamment pour accompagner les viandes bouillies ou froides.

**PRÉPARATION :** 10 minutes
**CUISSON :** 20 minutes

**Pour 4 personnes**

**100 g** *de raifort*
**25 g** *de beurre*
**25 g** *de farine*
**15 cl** *de vin blanc*
**20 cl** *de bouillon*
*sel et poivre*

**1.** Pelez le raifort et râpez-le très finement. (On trouve aussi du raifort nature râpé en flacon.) Faites fondre le beurre dans une casserole, ajoutez la farine et remuez sur feu moyen.

**2.** Lorsque le roux est cuit, versez le vin et le bouillon. Salez et poivrez. Faites réduire légèrement, puis ajoutez le raifort et mélangez pendant quelques instants jusqu'à consistance homogène. Laissez mijoter doucement pendant une dizaine de minutes.

Pour confectionner une sauce au raifort froide, il suffit de faire tremper de la mie de pain dans du lait, puis d'incorporer ensuite le raifort râpé après avoir bien pressé le pain. Ajoutez un filet de jus de citron, salez et poivrez.

LA SAUCE AU RAIFORT

## La salade de betteraves

Rapide à préparer avec des betteraves achetées cuites, cette salade est meilleure si vous prenez des betteraves crues que vous faites cuire vous-même (2 heures à l'eau ou, mieux, au four ou dans un diable).

**PRÉPARATION :** 10 minutes
**PAS DE CUISSON**

**Pour 4 personnes**

- 1 *gros oignon*
- 500 g *de betteraves cuites*
- 1 *gousse d'ail*
- *huile de tournesol*
- *vinaigre de vin rouge*
- *moutarde, sel et poivre*

LA SALADE DE BETTERAVES

**1.** Pelez l'oignon et coupez-le en rondelles, puis défaites les anneaux. Pelez les betteraves et coupez-les en rondelles régulières ou en petits dés. Pelez l'ail et hachez-le.

**2.** Préparez une vinaigrette bien relevée à la moutarde et ajoutez l'ail. Fouettez pour bien émulsionner.

**3.** Mettez les betteraves dans une jatte, versez la vinaigrette et mélangez. Ajoutez les anneaux d'oignon cru et servez.

Pour compléter cette entrée, vous pouvez proposer des harengs marinés au vinaigre. Choisissez de préférence une variété d'oignon doux.

LES ASPERGES AU JAMBON

## Les asperges au jambon

Servies en salade froide, les asperges blanches et vertes mélangées sont délicieuses avec des languettes de jambon fumé.

**PRÉPARATION :** 20 minutes
**CUISSON :** de 12 à 15 minutes

**Pour 6 personnes**

- 500 g *d'asperges blanches*
- 500 g *d'asperges vertes*
- *huile de tournesol*
- *vinaigre de vin blanc*
- *moutarde douce*
- 1 *échalote*
- 1 *bouquet de ciboulette*
- 6 *fines tranches de jambon fumé*
- *sel et poivre*

**1.** Pelez soigneusement les asperges et faites-les cuire à l'eau bouillante salée. Égouttez-les et laissez-les refroidir. Pendant ce temps, préparez une vinaigrette assez abondante et relevée, en lui ajoutant 1 cuillerée à café de moutarde, l'échalote pelée et finement ciselée ainsi que la moitié de la ciboulette.

**2.** Coupez les pointes des asperges et tronçonnez les tiges en plusieurs segments. Jetez éventuellement la base si elle est trop fibreuse. Mettez les tiges et les pointes dans un saladier, arrosez de vinaigrette et remuez délicatement.

**3.** Taillez les tranches de jambon en fines languettes et posez-les en garniture sur le dessus, ajoutez le reste de ciboulette et servez.

Vous pouvez aussi présenter cette salade dans des assiettes individuelles, en ajoutant en décor des fleurs de ciboulette.

BOISSON CONSEILLÉE : **RIESLING**

LES GALETTES DE POMME DE TERRE

## Les galettes de pomme de terre

Servez ces petits gâteaux croustillants très chauds en garniture de viande rôtie ou braisée.

**PRÉPARATION :** 15 minutes
**CUISSON :** 25 minutes

**Pour 5 personnes**

- **1 kg** *de pommes de terre*
- **1** *gros oignon*
- **1** *bouquet de ciboulette, persil plat*
- **2** *œufs*
- *noix muscade*
- *huile de tournesol, sel et poivre*

**1.** Pelez les pommes de terre et lavez-les. Essuyez-les puis râpez-les grossièrement dans une terrine. Pressez-les ensuite pour éliminer le maximum d'eau. Pelez et hachez finement l'oignon. Ciselez la ciboulette et 3 cuillerées à soupe de persil. Ajoutez l'oignon, la ciboulette et le persil dans la terrine, ainsi que les œufs battus. Salez, poivrez et muscadez. Mélangez tous les ingrédients.

**2.** Faites chauffer de l'huile de tournesol dans une grande poêle assez épaisse. Prélevez des portions de la préparation et façonnez-les en palets. Posez-les dans l'huile chaude et faites-les rissoler doucement en les retournant plusieurs fois. Elles doivent être bien croustillantes.

## La tarte à l'oignon

Facile et délicieuse, cette tarte constitue une entrée idéale pour un dîner d'hiver, mais elle peut faire aussi un repas rapide, suivie d'une salade de chou blanc et de fromage.

**PRÉPARATION :** 30 minutes
**CUISSON :** 45 minutes

**Pour 6 personnes**

- **600 g** *de gros oignons jaunes*
- **60 g** *de beurre*
- *huile, farine, noix muscade*
- **20 cl** *de crème fraîche épaisse*
- **10 cl** *de lait*
- **3** *œufs*
- **300 g** *de pâte brisée*
- *sel et poivre blanc au moulin*

**1.** Pelez les oignons et émincez-les pas trop finement. Faites fondre le beurre dans une casserole à fond épais, ajoutez 1 bonne cuillerée à soupe d'huile et mélangez. Ajoutez les oignons et faites-les cuire pendant une vingtaine de minutes sans les laisser roussir.

**2.** Poudrez les oignons avec 1 cuillerée à soupe de farine, salez, poivrez et muscadez. Faites cuire en remuant pendant 2 minutes, puis retirez la casserole du feu. Ajoutez la crème fraîche et le lait, mélangez intimement et laissez refroidir. Incorporez ensuite les œufs bien battus.

**3.** Abaissez la pâte brisée sur le plan de travail fariné, puis garnissez-en une tourtière assez grande et dotée d'un rebord assez haut. Piquez le fond, puis versez la purée d'oignons aux œufs et à la crème. Lissez le dessus. Faites cuire dans le four à 190 °C pendant 30 minutes. Servez très chaud.

BOISSON CONSEILLÉE : **SYLVANER**

LA TARTE À L'OIGNON

LE CHOU ROUGE AUX POMMES

## Le chou rouge aux pommes

Le chou blanc de la choucroute n'est pas la seule variété de chou que l'on apprécie en Alsace. Cette recette est très facile, mais demande 2 heures de marinade au moins.

**PRÉPARATION :** 25 minutes
**REPOS :** 2 heures
**CUISSON :** 10 minutes

**Pour 6 personnes**

**500 g** *de chou rouge*
*sucre semoule*
**1** *pomme*
**1** *citron*
**1** *oignon*
**1** *gousse d'ail*
*vinaigre de vin rouge*
*laurier*
*moutarde en graines*
*cumin*
*huile*
*moutarde douce*
*sel et poivre noir*

**1.** Retirez les grosses côtes du chou, puis émincez les feuilles très finement. Lavez et essorez à fond, épongez, puis mettez-les dans une terrine et poudrez de sucre. Salez et poivrez. Couvrez et laissez reposer pendant 1 heure au frais.

**2.** Pelez la pomme, retirez le cœur et les pépins. Coupez-la en lamelles et citronnez-les. Pelez et émincez l'oignon, pelez et hachez l'ail. Ajoutez l'oignon et la pomme au chou, mélangez.

**3.** Versez 6 cuillerées à soupe de vinaigre dans une petite casserole, ajoutez le laurier émietté, la moutarde en graines et quelques pincées de cumin. Faites bouillir pour faire réduire de moitié, puis laissez refroidir complètement.

**4.** Filtrez la réduction de vinaigre, ajoutez 4 cuillerées à soupe d'huile, 1 cuillerée à café de moutarde douce et l'ail. Mélangez et versez le tout sur le chou rouge. Remuez et laissez mariner 30 minutes au moins avant de servir.

### LES JETS DE HOUBLON

C'est naturellement dans les pays de culture brassicole que les jets de houblon, plante responsable de l'amertume de la bière, jouent un rôle également en cuisine. C'est le cas dans les Flandres, à Anvers ou à Liège, mais aussi en Alsace. On désigne sous le nom de "jets de houblon" la partie comestible de la plante, que l'on sépare de la partie ligneuse en la cassant, comme on le fait pour des pointes d'asperges vertes. Cuits à l'eau salée et citronnée, ils sont ensuite étuvés au beurre ou bien mijotés dans de la crème fraîche ou du jus de viande. Ils garnissent volontiers les œufs et les poissons. Les jets de houblon se fêtent à Haguenau, au cours de la semaine gastronomique qui a lieu à la fin de l'été, entre le 25 août et le 2 septembre.

## Les roigabragelti

Cette recette du Haut-Rhin est absolument délicieuse si l'on a la chance de pouvoir faire du feu dans la cheminée. On peut la déguster dans les fermes-auberges des Vosges.

**PRÉPARATION :** 20 minutes
**CUISSON :** 3 heures

**Pour 6 personnes**

**1 kg** *de pommes de terre*
**500 g** *d'oignons*
**250 g** *de beurre, sel et poivre*

**1.** Pelez, lavez, essuyez et coupez les pommes de terre en rondelles pas trop fines. Pelez les oignons et émincez-les.

**2.** Beurrez bien grassement le fond d'une cocotte en fonte. Étalez-y une couche de pommes de terre, salez et poivrez. Recouvrez d'une couche d'oignons, puis d'une couche de pommes de terre et ajoutez des parcelles de beurre. Remplissez ainsi la cocotte en alternant les pommes de terre, les oignons et le beurre, sans oublier de saler et poivrer régulièrement.

**3.** Posez le couvercle sur la cocotte et enfouissez celle-ci dans les braises presque éteintes d'un feu de bois. Si possible, mettez des cendres chaudes sur le couvercle (c'est plus commode s'il est creux). Laissez mijoter plusieurs heures. Remuez le contenu de la cocotte avant de servir.

Vous pouvez présenter en même temps des tranches de jambon fumé et du fromage.

LES ROIGABRAGELTI

## Les spaetzle

Ces petites boulettes de pâte aux œufs pochées servent très souvent de garniture aux viandes en sauce, comme les nouilles, mais elles sont plus fermes. On les propose aussi en entrée, au gratin ou avec des petits croûtons frits. Le mot signifie littéralement "petits moineaux".

**PRÉPARATION :** 20 minutes

**REPOS :** 1 heure au moins

**CUISSON :** de 12 à 15 minutes

**Pour 6 personnes**

**4** *œufs*
*crème fraîche*
*noix muscade*
**500 g** *de farine*
*lait*
*beurre*
*sel fin*

**1.** Cassez les œufs dans une grande terrine et battez-les. Ajoutez 2 cuillerées à soupe de crème, salez et muscadez.

**2.** Mélangez, puis versez peu à peu la farine en remuant avec une cuiller en bois. La pâte obtenue doit être parfaitement homogène et pas trop sèche. Laissez reposer 1 heure au moins. Vous pouvez très bien préparer la pâte le matin et la mettre de côté jusqu'au repas.

**3.** 30 minutes environ avant de servir, remplissez d'eau une grande marmite et ajoutez 20 cl de lait environ, salez et portez à ébullition. (Vous pouvez supprimer le lait et ajouter en revanche dans l'eau de cuisson 2 cuillerées à soupe d'huile.)

**4.** Prenez la pâte à spaetzle et posez-la sur une planche à découper dont vous faites reposer une extrémité sur le bord de la marmite, laquelle doit être stable. Avec un couteau à large lame, découpez des parcelles de pâte et faites-les tomber dans l'eau en train de bouillir.

Les spaetzle sont cuits lorsqu'ils remontent à la surface. Égouttez-les dans une passoire, puis rangez-les dans un plat creux et bien chaud. Arrosez-les de beurre fondu. Vous pouvez aussi les faire sauter au beurre dans une poêle.

## Les quenelles de pomme de terre

Cette préparation fait partie de la famille des knepfles, appellés aussi des noques, mot voisin des gnocchi.

**PRÉPARATION :** 30 minutes
**CUISSON :** 30 minutes

**Pour 4 personnes**

- **8** *pommes de terre moyennes*
- **100 g** *de farine*
- **3** *œufs*
- *noix muscade*
- **2** *oignons*
- **70 g** *de beurre*
- **25 cl** *de crème fraîche*
- **4** *tranches de pain de mie*
- *sel et poivre*

**1.** Lavez les pommes de terre. Faites-en cuire 4 à l'eau bouillante sans les peler, puis pelez-les et écrasez-les en purée pas trop fine. Pelez les autres à cru, puis râpez-les grossièrement et pressez-les ensuite pour éliminer le maximum d'eau.

**2.** Mélangez les pommes de terre râpées et la purée dans une terrine, incorporez la farine et les œufs battus. Salez, poivrez et muscadez. La pâte obtenue doit être consistante mais ni trop sèche ni trop fluide. Façonnez cette pâte en quenelles allongées et rangez-les sur un torchon fariné.

**3.** Pelez et émincez finement les oignons. Faites-les cuire doucement dans la moitié du beurre sans les laisser roussir, puis ajoutez la crème et mélangez intimement. Tenez au chaud. Par ailleurs, coupez les tranches de pain en petits dés et faites-les rissoler dans le reste de beurre.

**4.** Remplissez d'eau une grande casserole et faites-la bouillir. Plongez les quenelles de pomme de terre dans l'eau bouillante et laissez-les pocher de 7 à 8 minutes.

**5.** Égouttez-les et mettez-les dans un plat creux. Nappez d'oignons à la crème et ajoutez les croûtons de pain dorés en garniture. Donnez 1 ou 2 tours de moulin à poivre et servez.

### À LA GLOIRE DE LA CHOUCROUTE

Dans la revue *Les Saisons d'Alsace*, Julien Freund, directeur de l'Institut de sociologie de Strasbourg, écrivit un texte irremplaçable sur la choucroute : “La choucroute est tolérante, car elle semble être elle-même un creuset de contradictions. Non point qu'elle prônerait une soi-disant neutralité gastronomique qui se résignerait à toutes les hérésies. Elle refuse seulement le dogmatisme, mais approuve toutes les préférences individuelles. Elle s'accommode merveilleusement de nombreux aromates, odeurs ou esprits : grains de genièvre, de coriandre, de poivre, d'airelle, pommes reinettes, bouillon et vin; elle ne manifeste même pas d'hostilité à des flocons de levure ou à des débris de gruyère, puisqu'elle accepte d'être apprêtée au gratin (...). Elle adopte maintes sortes de graisse : saindoux, beurre, graisse d'oie ou de rôti. La variété des viandes d'accompagnement auxquelles elle consent est infinie (...). Elle excuse le vin rouge, bien qu'elle ait un faible pour la bière et qu'elle se laisse gâter par le vin blanc. ”

LES QUENELLES DE POMME DE TERRE

chez votre Artisan Boulanger

# Porc ET Charcuterie

*Les plaisirs de la table sont à l'honneur jusque sur les vieilles enseignes.*

Dire que le cochon a toujours occupé une place de choix dans la gastronomie alsacienne est un euphémisme évident. Les Romains, pourtant peu faciles à émouvoir sur ce chapitre, furent si impressionnés lorsqu'ils découvrirent, en 58 av. J.-C., la variété des saucisses, jambons et autres préparations à base de porc que les Alsaciens savaient confectionner qu'ils établirent rapidement un commerce florissant avec la capitale de l'empire. De cette époque, qui inaugura une assez longue période de prospérité, datent plusieurs spécialités, comme certaines variétés de pâtes, le foie gras, les tartes, la poitrine de veau et un bel assortiment de mets à base de porc fumé. Les envahisseurs, de leur côté, apportaient légumes et herbes aromatiques, comme le chou, le céleri, le concombre, le persil, l'anis et le cumin – d'où naîtraient bientôt des accords de saveurs bien trouvés –, ainsi que des arbres fruitiers qui convenaient bien au climat alsacien, cerisiers et pruniers, abricotiers et amandiers.

## HÉRITAGE MÉDIÉVAL ET CRÉATIONS MODERNES

C'est une fois de plus les moines qui ont joué, dans le domaine de la charcuterie, un rôle gastronomique de première importance. En Alsace, on leur doit une fonction déterminante dans la sauvegarde du vignoble, mais la dette s'augmente de trois autres apports : la mise au point d'un des meilleurs fromages français, le munster, l'élevage des escargots, qui agrémentaient le menu pendant les jours de Carême, et enfin la transformation du cochon sous les formes les plus inventives et les plus délicieuses.

L'Alsace a toujours été et reste une région charcutière (boucher et charcutier sont d'ailleurs ici deux métiers qui n'en font qu'un). Pas de choucroute sans charcuterie, pas de "winstub" (l'équivalent du petit restaurant où l'on sert du vin et des plats de brasserie) sans charcuterie, pas de repas familial sans charcuterie.

Tout commence avec les saucissons et les saucisses. Les célèbres saucisses de Strasbourg s'appellent couramment "knacks", par allusion au bruit qu'elles font, pochées à l'eau bouillante, lorsque la peau éclate sous la dent. La peau est généralement colorée de rouge ou d'orange. On peut aussi les faire griller, mais une bonne fabrication se reconnaît à une farce fine et goûteuse.

Les saucisses de foie, à tartiner, sont plus typiques : très souvent, les enfants les apprécient au goûter. C'est le cas du mettwurst, petite saucisse crue un peu fumée, dont la pâte de couleur rose, relevée d'ail, est broyée très finement. Le cervelas de Strasbourg, recette qui remonte au XIXe siècle, est un saucisson court, coloré extérieurement en rouge. Il faut ensuite faire le tour des autres saucissons. Le saucisson de bière, qui demande cette boisson comme accompagnement, est en forme de poire : la farce, agrémentée de langue, est richement épicée ; les saucissons de pistache, de langue ou de jambon, selon l'ingrédient complémentaire qui entre dans la composition de la farce. La hure est une autre grande spécialité alsacienne, avec des variantes nombreuses selon l'origine ou la pratique locale. La charcuterie fumée est enfin d'une impériale variété : choisissez entre la palette ou le bacon, les gendarmes, la langue ou le filet de porc, appelé kassler. Mention spéciale pour le jambon de Strasbourg frotté de sel sec, de sucre et de salpêtre. Il est battu pour prendre une forme allongée, enroulé dans un torchon et cuit au vin blanc ; remis en baudruche, il est cuit une seconde fois, coloré de rouge et fumé. On le conserve dans de la cendre de bois. Le jambon en croûte est l'un des chefs-d'œuvre de la charcuterie de fête : braisé, tranché et reconstitué, il est enveloppé d'une pâte à pain et cuit, de sorte que la croûte s'imprègne des jus de cuisson.

Au siècle dernier, Charles Gérard, dans *l'Ancienne Alsace à table*, dénombrait au bas mot une bonne quarantaine de pâtés, en croûte, en chausson ou en terrine. L'inventaire actuel est aussi riche, avec, selon la saison, l'intervention du gibier. Mais les charcutiers alsaciens sont passés maîtres dans l'art de mêler les différents morceaux du porc : maigre pour la légèreté et gras pour le juteux, lard en tranches ou en dés pour le moelleux de la farce. Enfin, il faut ajouter à cet éventail savoureux les galantines et les fromages de tête, les pieds de porc farcis et, pour finir, ingrédient haut en saveur, le lard, que l'on utilise salé ou fumé.

La cuisine du porc proprement dit n'est pas moins variée. Ne revenons pas sur la choucroute, grande consommatrice de palette et de côtes de porc, mais celles-ci sont également appréciées, chaudes ou froides, avec du raifort. La palette fumée, ou schieffala, s'accompagne rituellement de navets confits, tandis que le civet de porc à l'aigre-doux en revient aux souvenirs de la cuisine médiévale.

*À découvrir au gré des tavernes ou des fermes-auberges, les spécialités charcutières sont innombrables.*

## Les leverknepfles

Les quenelles de foie, très courantes dans la cuisine ménagère, constituent souvent une garniture complémentaire pour la choucroute, mais on les sert aussi en entrée ou avec des légumes pochés.

**PRÉPARATION :** 30 minutes
**REPOS :** 30 minutes
**CUISSON :** 10 minutes

**Pour 6 personnes**

**250 g** *de poitrine de porc fraîche désossée*
**500 g** *de foie de porc*
**2** *oignons, persil plat*
**3** *œufs*
**200 g** *de chapelure*
*clous de girofle, sel et poivre*

**1.** Passez la poitrine de porc coupée en morceaux au hachoir. Hachez le foie de porc à la main (au mixeur, il se réduirait en purée trop liquide). Pelez les oignons, hachez-les très finement et ciselez 6 cuillerées à soupe de persil plat.

**2.** Mélangez les viandes hachées, les oignons et le persil dans une terrine, salez et poivrez, ajoutez 2 clous de girofle écrasés. Incorporez ensuite les œufs entiers, un par un, puis la chapelure. Rajoutez encore un peu de chapelure si la farce est trop molle. Pétrissez celle-ci quelques instants, puis laissez-la reposer pendant 30 minutes.

**3.** Remplissez d'eau une grande marmite, salez et portez à ébullition. Prélevez des portions de farce avec une cuiller à soupe et façonnez-les en quenelles en vous aidant d'une seconde cuiller. Plongez les quenelles dans l'eau bouillante, par trois ou quatre à la fois. Elles sont cuites quand elles remontent et flottent à la surface. Égouttez-les sur un torchon propre et rangez-les sur un plat chaud. Poivrez encore au moulin.

LES LEVERKNEPFLES

## La salade de presskopf

Le presskopf (littéralement "tête pressée") est un fromage de tête que l'on prépare en Alsace pour les fêtes de Noël. On le sert en tranches avec de la vinaigrette à l'échalote comme entrée froide, mais on peut également l'utiliser pour une salade composée plus consistante.

**PRÉPARATION :** 25 minutes
**CUISSON :** 10 minutes

**Pour 4 personnes**

**100 g** *de pissenlit*
**100 g** *de chicorée frisée*
**4** *échalotes*
**1** *gros bouquet de ciboulette*
**150 g** *de presskopf*
**4** *petites tomates*
*huile de tournesol*
*vinaigre de vin blanc*
*moutarde forte*
**4** *œufs*
**100 g** *de lard de poitrine fumé*
*sel et poivre au moulin*

**1.** Parez et lavez les salades, essorez-les et réservez-les dans un torchon propre. Pelez et émincez finement les échalotes. Ciselez la ciboulette. Détaillez le presskopf en petits cubes. Lavez les tomates et coupez-les en quartiers.

**2.** Préparez une vinaigrette bien relevée avec 4 cuillerées à soupe d'huile de tournesol, 2 de vinaigre de vin blanc, de la moutarde à votre goût, du sel et du poivre. Faites cuire les œufs à l'eau bouillante pendant 10 minutes, rafraîchissez-les et écalez-les. Faites par ailleurs rissoler à cru le lard taillé en petits lardons dans une poêle. Égouttez-les quand ils sont bien croustillants.

**3.** Mélangez les salades, les échalotes, la ciboulette et la vinaigrette dans un saladier. Remuez bien. Répartissez cette salade dans des assiettes de service. Posez un œuf dur coupé en quatre au milieu avec les quartiers de tomate autour et les lardons croustillants en garniture. Servez aussitôt.

LA SALADE DE PRESSKOPF

LE JAMBON EN CROÛTE

## Le jambon en croûte

Plat de fête typique, prévu pour une nombreuse tablée, le jambon en croûte demande surtout du temps de cuisson, mais sa préparation n'est pas difficile.

**PRÉPARATION :** 30 minutes

**TREMPAGE :** 12 heures (facultatif)

**CUISSON :** 4 heures

**Pour 12 à 15 personnes**

- **1** *jambon cru légèrement fumé de 4 kg environ*
- **1** *gros oignon*
- **2** *carottes*
- **2** *poireaux*
- **1** *bouteille de sylvaner*
- **1** *bouquet garni*
- **1,5 kg** *de pâte brisée*
- **2** *jaunes d'œufs*

**1.** Avant de faire pocher le jambon, vous pouvez le faire tremper pendant 12 heures dans de l'eau froide pour le faire gonfler, mais ce n'est pas indispensable. Pelez l'oignon et les carottes, nettoyez les poireaux, coupez ces légumes en rondelles et en tronçons et mettez-les dans une grande marmite. Ajoutez le vin blanc et le bouquet garni.

**2.** Mettez le jambon dans la marmite et complétez le mouillement avec de l'eau pour qu'il soit bien recouvert. Portez à ébullition, écumez et faites en sorte d'obtenir des frémissements réguliers. Faites pocher en comptant de 15 à 20 minutes de cuisson par livre, puis retirez du feu et laissez le jambon tiédir dans sa cuisson. Sortez-le et retirez la couenne, parez-le en retirant les parties un peu brunes.

**3.** Abaissez la pâte sur 5 mm d'épaisseur environ. Posez-y le jambon et enveloppez-le de pâte en la remontant sur les côtés. Soudez les extrémités et le dessus en pinçant la pâte avec les doigts. Avec les chutes, confectionnez quelques motifs décoratifs en forme de feuilles ou d'étoiles (avec un emporte-pièce).

**4.** Faites une cheminée sur le dessus et glissez-y une douille (pour l'échappement de la vapeur). Battez les jaunes d'œufs et badigeonnez toute la croûte. Posez le jambon sur la tôle du four légèrement beurrée et faites cuire à 190 °C pendant 1 heure 45 environ jusqu'à ce que la croûte soit bien dorée. Servez très chaud.

BOISSON CONSEILLÉE
**RIESLING**

LES CERVELAS GRILLÉS

## Les cervelas grillés

Ce produit de base de la charcuterie se consomme froid ou chaud, en salade ou avec des légumes. Il est délicieux grillé.

**PRÉPARATION :** 10 minutes — **CUISSON :** 5 minutes

**Pour 4 personnes**

- **4** *cervelas*
- **3** *échalotes*
- *beurre, sel et poivre*

**1.** Pelez et hachez finement les échalotes. Pelez les cervelas et entaillez légèrement la peau. Coupez-les en deux.

**2.** Faites fondre un peu de beurre dans une poêle, ajoutez les échalotes et faites-les cuire 2 minutes en les remuant. Repoussez-les sur les côtés, puis posez les demi-cervelas dans la poêle en rajoutant un peu de beurre frais. Faites poêler doucement les cervelas en les retournant souvent, jusqu'à ce qu'ils soient bien dorés sur toutes les faces. Salez et poivrez.

Servez ces cervelas tout chauds avec le hachis d'échalotes, soit avec une salade verte, soit avec des légumes : carottes braisées, purée de pommes de terre ou de pois cassés, chou étuvé ou épinards.

BOISSON CONSEILLÉE
**EDELZWICKER**

## Les côtes de porc au vin blanc

Facile, économique, cette recette familiale s'accompagne aussi bien de choucroute que d'une fondue d'oignons.

**PRÉPARATION :** 10 minutes — **CUISSON :** 45 minutes

**Pour 4 personnes**

- **4** *côtes de porc*
- **3** *échalotes*
- **1** *oignon, persil, thym*
- **2** *gros cornichons*
- *saindoux*
- **40 cl** *de riesling*
- *farine, sel et poivre*

**1.** Pelez et hachez finement les échalotes et l'oignon. Hachez la valeur de 4 cuillerées à soupe de persil. Détaillez les cornichons en fines rondelles. Faites chauffer 50 g de saindoux dans une grande poêle. Posez-y les côtes de porc et faites-les dorer doucement en les retournant souvent. Égouttez-les et réservez-les.

**2.** Versez le hachis d'oignon et d'échalotes dans la poêle, ajoutez 1 cuillerée à soupe de persil et 2 pincées de thym. Salez et poivrez. Faites chauffer sur feu moyen en remuant avec le jus de cuisson des côtes de porc. Poudrez de farine et mélangez bien, puis versez le riesling en ajoutant 1 cuillerée à soupe d'eau.

**3.** Faites mijoter cette sauce pendant une douzaine de minutes en remuant de temps en temps avec une cuiller en bois, puis remettez les côtes de porc dans la sauce et ajoutez les rondelles de cornichon. Poursuivez la cuisson pendant encore 15 minutes. Goûtez et rectifiez l'assaisonnement. Servez dans un plat creux très chaud et parsemez le dessus avec le reste de persil.

BOISSON CONSEILLÉE : **SYLVANER**

LES CÔTES DE PORC AU VIN BLANC

## La choucroute garnie

S'il fallait citer deux grands plats régionaux français, la choucroute disputerait sans doute la place au cassoulet. Selon sa garniture plus ou moins riche, vous en ferez un plat familial ou une véritable merveille gastronomique.

**PRÉPARATION :** 20 minutes

**TREMPAGE :** 12 heures

**CUISSON :** 4 heures

**Pour 8 à 10 personnes**

- **2 kg** *de choucroute crue*
- **1** *jambonneau demi-sel*
- **2** *oignons*
- *saindoux*
- *baies de genièvre, cumin*
- **1** *palette de porc fumée*
- **600 g** *de lard de poitrine fumé*
- **2** *saucisses de Montbéliard*
- **8** *saucisses de Francfort*
- **1** *bouteille de riesling*
- *sel et poivre*

**1.** Faites tremper les viandes salées dans une marmite d'eau froide pendant la nuit. Lavez la choucroute à l'eau froide, puis essorez-la et faites-la blanchir dans une grande quantité d'eau bouillante pendant 1 minute, égouttez-la aussitôt. Pelez et émincez les oignons.

**2.** Faites chauffer 3 cuillerées à soupe de saindoux (ou de graisse d'oie) dans une grande cocotte à fond épais. Ajoutez les oignons et faites-les fondre en remuant sans arrêt. Quand ils sont transparents, ajoutez la choucroute en l'effilochant avec deux fourchettes. Mélangez-la avec la graisse et les oignons, ajoutez une quinzaine de baies de genièvre, 2 ou 3 pincées de cumin, puis laissez chauffer en soulevant la choucroute plusieurs fois. Poivrez et versez la moitié du riesling.

**3.** Introduisez les viandes en les enfouissant à demi dans la choucroute, couvrez et laissez mijoter doucement pendant 3 heures 30 environ en ajoutant progressivement le reste de vin (en deux ou trois fois) et en surveillant pour voir si le fond n'attache pas. Au terme de ce temps de cuisson, ajoutez les saucisses de Montbéliard, puis (une dizaine de minutes avant de servir) les saucisses de Francfort.

**4.** Retirez les viandes de la cocotte et découpez-les en portions. Disposez la choucroute en tas sur un plat très chaud (lui-même posé sur un chauffe-plat), avec les viandes et les saucisses en garniture. Servez dans des assiettes brûlantes.

Vous pouvez ajouter deux pommes de terre cuites à l'eau à part par personne. Parmi les autres éléments de garniture, vous pouvez choisir de l'échine salée, des saucisses blanches ou des quenelles de foie.

BOISSON CONSEILLÉE
**BIÈRE BLONDE OU RIESLING**

LA SALADE AU CERVELAS

## La salade au cervelas

Elle figure classiquement au menu des brasseries, mais fait aussi partie du répertoire familial. Elle demande surtout un assaisonnement bien relevé.

**PRÉPARATION :** 10 minutes

**PAS DE CUISSON**

**Pour 4 personnes**

- **4** *cervelas*
- *vinaigre de vin blanc*
- *huile de tournesol*
- *moutarde*
- *persil plat*
- **2** *oignons*
- *sel et poivre au moulin*

**1.** Préparez d'abord la vinaigrette en mélangeant 2 ou 3 cuillerées à soupe de vinaigre et le sel, ajoutez ensuite 4 cuillerées à soupe d'huile de tournesol en fouettant, puis incorporez 1 cuillerée à café de moutarde et poivrez. Ajoutez enfin 4 cuillerées à soupe de persil.

**2.** Pelez les oignons et émincez-les le plus finement possible. Pelez les cervelas en les entaillant légèrement avec la pointe d'un couteau, puis découpez-les en rondelles obliques assez épaisses.

**3.** Réunissez les oignons et les rondelles de cervelas dans un saladier, ajoutez la vinaigrette et mélangez intimement. Servez frais.

Vous pouvez enrichir cette salade de lamelles de gruyère et de rondelles de pomme de terre cuites à l'eau. Vous pouvez aussi préparer une vinaigrette à la crème.

BOISSON CONSEILLÉE : **SYLVANER**

LA CHOUCROUTE GARNIE

LES CÔTES DE PORC EN CRÉPINE

## Les côtes de porc en crépine

Bel exemple de la richesse des recettes du porc, ces côtes de porc enrobées de farce et cuites en crépine seront servies avec une purée de pommes de terre et une sauce piquante.

**PRÉPARATION :** 30 minutes
**CUISSON :** 30 minutes

**Pour 4 personnes**

- **4** *côtes de porc pas trop épaisses*
- **100 g** *de foie de porc*
- **100 g** *de chair à saucisse*
- **125 g** *de champignons*
- **3** *échalotes*
- **1** *bouquet de ciboulette, persil*
- **2** *clous de girofle*
- *beurre (ou saindoux), huile*
- **1** *grande crépine de porc*
- *sel et poivre*

**1.** Hachez le foie de porc et mélangez-le avec la chair à saucisse. Nettoyez les champignons et hachez-les menu. Pelez et hachez les échalotes. Mélangez tous ces ingrédients, puis ajoutez la ciboulette hachée et quelques brins de persil, les clous de girofle réduits en poudre et poivrez.

**2.** Salez et poivrez les côtes de porc. Faites fondre un peu de graisse et d'huile dans une poêle. Posez-y les côtes de porc et faites-les cuire sur feu moyen en les retournant pendant 15 minutes environ, puis égouttez-les.

**3.** Rincez la crépine, épongez-la délicatement, puis étalez-la et découpez quatre rectangles réguliers. Étalez un huitième de la farce sur chaque côte de porc cuite, puis posez-les sur les morceaux de crépine en les retournant. Étalez le reste de la farce sur les côtes de porc, puis refermez la crépine en les enveloppant bien.

**4.** Remettez les côtes de porc en crépine dans la poêle, avec un peu de matière grasse, et faites-les cuire pendant encore 30 minutes en les arrosant souvent et en les retournant une ou deux fois.

Si vous avez quelques morilles séchées, faites-les tremper pendant 1 heure dans de l'eau tiède, essorez-les et ajoutez-les dans la farce finement hachées.

BOISSON CONSEILLÉE
**BIÈRE BLONDE**

# Le foie de porc au vinaigre

Rapide, économique et facile, cette recette familiale plaira aux amateurs de plats bien relevés.

**PRÉPARATION :** 15 minutes

**CUISSON :** 10 minutes

**Pour 4 personnes**

**400 g** *de foie de porc*
**250 g** *de champignons*
**2** *échalotes*
**100 g** *de beurre, huile*
**10 cl** *de vinaigre de vin blanc pas trop acide*
**10 cl** *de bouillon de bœuf*
*persil plat*
*sel et poivre*

**1.** Coupez le foie en petits morceaux, salez et poivrez. Nettoyez les champignons et émincez-les. Pelez et hachez les échalotes. Faites chauffer 50 g de beurre et un peu d'huile dans une poêle. Mettez-y les morceaux de foie de porc et faites-les sauter vivement en les retournant pendant 5 minutes. Égouttez-les.

**2.** Videz la poêle de sa matière grasse et remettez-y 30 g de beurre. Faites sauter les échalotes et les champignons en remuant, puis ajoutez-les aux morceaux de foie.

**3.** Versez le vinaigre et le bouillon dans la poêle, déglacez en remuant et faites réduire sur feu vif. Rectifiez l'assaisonnement, puis remettez les morceaux de foie de porc et les champignons aux échalotes dans la poêle. Parsemez de persil haché et servez très chaud, avec des pommes de terre à la vapeur ou des pâtes fraîches.

BOISSON CONSEILLÉE : **SYLVANER**

LE FOIE DE PORC AU VINAIGRE

LES ŒUFS FRITS À L'ALSACIENNE

# Les œufs frits à l'alsacienne

Peut-être difficile à supporter pour un appétit délicat, cette préparation réunit plusieurs spécialités alsaciennes typiques.

**PRÉPARATION :** 10 minutes
**CUISSON :** 5 minutes

**Pour 4 personnes**

- **4** *œufs extra-frais*
- **250 g** *de choucroute cuite*
- **4** *tranches de pain de mie*
- **1** *saucisse de foie à tartiner*
- *graisse d'oie*
- **4** *tranches de jambon légèrement fumé*
- *sel et poivre*

**1.** Mettez la choucroute dans une casserole et faites-la réchauffer tout doucement en ajoutant éventuellement un peu de bouillon ou de vin blanc si elle est trop sèche. Pendant ce temps, tartinez les tranches de pain de mie avec la saucisse de foie.

**2.** Faites chauffer 3 ou 4 cuillerées à soupe de graisse d'oie dans une grande poêle. Cassez les œufs un par un dans une tasse et faites-les glisser dans la graisse très chaude. Ramenez le blanc en train de se coaguler autour du jaune avec une cuiller en bois. Dès que le blanc est doré, égouttez les œufs.

**3.** Égouttez la choucroute et versez-la dans un plat creux très chaud. Disposez-y les œufs frits en les alternant avec les tranches de jambon découennées, roulées en cornets. Salez et poivrez. Servez les tartines de saucisse de foie en accompagnement.

Cette recette permet d'utiliser, pour un casse-croûte, un reste de choucroute cuite.

# Le schieffala

C'est le nom que l'on donne en Alsace à la palette ou épaule de porc salée et fumée. Elle se cuisine très facilement et constitue un plat d'hiver consistant, avec des pommes de terre ou de la choucroute.

**PRÉPARATION :** 10 minutes
**CUISSON :** 1 heure 30

**Pour 6 personnes**

- **1,5 kg** *de schieffala*
- **6** *pommes de terre*
- **1** *bouquet garni*
- *vinaigrette à la moutarde ou sauce au raifort chaude*
- *sel et poivre*

**1.** Mettez la palette de porc dans un grand saladier, recouvrez d'eau froide et laissez tremper pendant une dizaine de minutes. Pendant ce temps, pelez et lavez les pommes de terre.

**2.** Égouttez la palette de porc et mettez-la dans une marmite, recouvrez largement d'eau tiède, ne salez pas et ajoutez le bouquet garni. Laissez mijoter doucement pendant 1 heure 30.

**3.** 30 minutes avant de servir, faites cuire les pommes de terre à l'eau salée. Égouttez-les. Retirez la palette de porc de la marmite et découpez-la en tranches. Arrosez-les d'une petite louche de bouillon chaud. Poivrez. Comme accompagnement, soit vous servez les pommes de terre en rondelles assaisonnées de vinaigrette, soit vous les servez entières, avec la sauce au raifort à part.

BOISSON CONSEILLÉE
**SYLVANER**

LE SCHIEFFALA

LA TOURTE À L'ALSACIENNE

## La tourte à l'alsacienne

Il existe bien des recettes de tourtes et de pâtés garnis d'une farce à base de viande, soit porc seul, soit viandes mélangées. L'une des plus célèbres est la tourte dite "de la vallée de Munster" ou du Haut-Rhin.

**PRÉPARATION :** 30 minutes
**REPOS :** 12 heures
**CUISSON :** 1 heure

**Pour 6 personnes**

- **3** *tranches de pain de mie*
- **20 cl** *de lait*
- **400 g** *de filet de porc*
- **300 g** *de noix de veau*
- **25 cl** *de vin blanc*
- **2** *oignons*
- *beurre, persil plat*
- **250 g** *de pâte brisée*
- **180 g** *de pâte brisée*
- **1** *jaune d'œuf, sel et poivre*

**1.** La veille du jour où vous servez le pâté, faites tremper le pain de mie dans le lait, puis essorez-le. Passez au hachoir les deux viandes après les avoir coupées en morceaux réguliers (grille moyenne). Mettez-les dans une terrine avec le pain égoutté, salez et poivrez. Ajoutez le vin blanc.

**2.** Pelez et hachez les oignons finement. Faites-les fondre dans une casserole avec un peu de beurre jusqu'à ce qu'ils soient bien blonds. Ajoutez-les dans la terrine, ainsi que 4 bonnes cuillerées à soupe de persil. Pétrissez la farce pour la rendre homogène, puis couvrez et laissez reposer pendant la nuit.

**3.** Le lendemain, abaissez la pâte brisée sur le plan de travail légèrement fariné. Beurrez une tourtière et garnissez-en le fond avec la pâte brisée. Versez la farce sur ce fond après l'avoir piqué à la fourchette. Lissez le dessus.

**4.** Abaissez ensuite finement la pâte brisée et posez-la en couvercle pour former la tourte. Soudez tout le pourtour en pinçant les bords avec vos doigts mouillés d'eau. Faites un petit trou au centre du couvercle et glissez-y une petite douille en métal (pour l'évacuation de la vapeur pendant la cuisson). Dorez tout le dessus de la tourte au jaune d'œuf. Faites cuire dans le four à 180 °C pendant 1 heure. Servez très chaud à la sortie du four.

Parmi les autres tourtes classiques de la cuisine alsacienne, citons la tourte vosgienne, à base de veau et de lard hachés, de champignons, de fines herbes et de poussins de grain désossés en morceaux.

BOISSON CONSEILLÉE
**PINOT BLANC**

# Les tartelettes flambées

La flammekueche, ou tarte flambée, est indissociable de la convivialité alsacienne, mais elle est difficile à réussir chez soi. En revanche, ces tartelettes en feuilletage, variante de la recette authentique, font une excellente entrée chaude.

**PRÉPARATION :** 20 minutes
**REPOS :** 1 heure au moins
**CUISSON :** 12 minutes

**Pour 6 personnes**

- **125 g** *de pâte feuilletée*
- *beurre*
- **1** *oignon moyen*
- **100 g** *de lard de poitrine fumé*
- **4** *cuillerées à soupe de fromage blanc très ferme*
- **4** *cuillerées à soupe de crème fraîche*
- **2** *jaunes d'œufs*
- *sel et poivre*

**1.** Abaissez la pâte feuilletée sur le plan de travail légèrement fariné le plus finement possible (de 2 à 3 mm). Découpez dans cette pâte des ronds de 4 à 5 cm de diamètre, avec un verre par exemple. Réunissez les chutes en boule et abaissez à nouveau la pâte pour l'utiliser au maximum.

**2.** Beurrez la tôle du four. Pelez l'oignon et hachez-le très finement. Taillez le lard en lardons très fins. Mélangez le fromage blanc, la crème et les jaunes d'œufs dans une jatte jusqu'à consistance homogène, salez à votre goût.

**3.** Rangez les ronds de pâte sur la tôle beurrée (s'ils ne rentrent pas tous, utilisez deux plaques ou prévoyez deux fournées). Étalez sur chaque rond un peu du mélange à base de fromage blanc, puis répartissez ensuite en garniture les lardons et l'oignon haché. Laissez reposer au frais pendant 1 heure au moins.

**4.** Faites cuire dans le four à 230 °C une douzaine de minutes jusqu'à ce que les tartelettes soient bien dorées et croustillantes. Servez-les brûlantes.

Vous pouvez préparer des tartelettes en grand nombre car elles se congèlent très bien et constituent un amuse-gueule idéal.

BOISSON CONSEILLÉE : **SYLVANER**



## À LA GLOIRE DE SAINT ANTOINE

"Au Moyen Âge, les cochons étaient essentiellement la propriété des boulangers, qui les laissaient vagabonder librement dans les rues de Strasbourg. Puis cochons et boulangers subirent quelques revers, les premiers parce qu'ils semaient le désordre dans les ruelles non pavées, les seconds parce qu'ils empiétaient sur le domaine des charcutiers. Pour finir, les boulangers n'eurent plus le droit de fabriquer que du pain, et seuls les cochons appartenant aux moines antonins furent autorisés à se promener dans les rues, à condition d'être marqués de la croix de saint Antoine, le T, insigne de l'ordre. Paradoxalement, saint Antoine parvint à conserver son double titre de patron des cochons et des bouchers; on le retrouve fréquemment sur les enseignes en fer forgé des boucheries."

*Alsace gourmande*, Sue Style, Flammarion

## Le potage de lentilles aux saucisses fumées

Le mariage des lentilles, du lard et des saucisses fumées est particulièrement délicieux sous forme de soupe d'hiver.

**PRÉPARATION :** 30 minutes

**TREMPAGE :** 1 heure

**CUISSON :** 1 heure 45

**Pour 4 personnes**

**300 g** *de lentilles*
**1** *poireau*
**1** *oignon*
**1** *carotte*
**25 g** *de beurre*
**2 l** *de bouillon de volaille*
**1** *bouquet garni*
**125 g** *de lard de poitrine fumé*
**4** *saucisses de porc fumées à pocher*
*sel et poivre*

**1.** Faites tremper les lentilles dans l'eau froide pendant 1 heure. Pelez et nettoyez, puis émincez finement les trois légumes. Faites-les fondre doucement dans une marmite avec le beurre, salez et poivrez. Versez le bouillon, puis ajoutez les lentilles et le bouquet garni.

**2.** Portez lentement à ébullition, puis ajoutez le lard en un seul morceau, faites en sorte d'obtenir des frémissements réguliers et laissez cuire tranquillement pendant 1 heure 30. Par ailleurs, faites pocher les saucisses fumées dans une casserole d'eau frémissante pendant 15 minutes.

**3.** Égouttez le lard et coupez-le en tranches. Égouttez les saucisses et coupez-les en rondelles. Remettez-les dans la marmite avec la soupe. Retirez le bouquet garni et servez.

### GARNIR À L'ALSACIENNE

L'expression "à l'alsacienne" signifie que le plat ainsi qualifié est garni avec de la choucroute, du jambon, de la poitrine salée et des saucisses de Strasbourg. Il s'agit par exemple d'un rôti de porc ou d'une pièce de porc braisée, mais aussi éventuellement d'un faisan poêlé, d'un canard braisé ou d'une oie. On appréciera la variante "à la strasbourgeoise", qui se dit par exemple, toujours en cuisine classique, d'une grosse pièce de boucherie ou d'une volaille, braisée ou rôtie, garnie de choucroute braisée, de lamelles de lard de poitrine (cuit avec la choucroute) et d'escalopes de foie gras sautées au beurre. Et, pour en revenir à la saucisse de Strasbourg, elle devrait toujours être faite d'un mélange à parts égales de porc et de bœuf, additionné de lard haché. Son goût légèrement fumé s'accommode très bien de l'accompagnement typiquement strasbourgeois de purée de pommes de terre et de raifort râpé. Ces saucisses coupées en rondelles servent également à garnir le consommé strasbourgeois, au chou rouge taillé en fines lanières.

### ÉLÉMENTS DE SYNTAXE CHARCUTIÈRE

En Alsace, l'orthographe des mots présente de multiples variantes. L'écriture est souvent phonétique et l'accent est différent entre le Nord et le Sud ("wurst" – saucisse – se prononce souvent "wurscht"). Voici quelques repères dans le domaine de la charcuterie :

**bierwurst :** saucisson à consommer avec de la bière;

**blutwurst :** sorte de boudin noir aux oignons;

**bratwurst :** grosse chipolata à rissoler (existe aussi à base de veau);

**galerei (kalerei) :** fromage de tête en gelée;

**knacks :** saucisses de Strasbourg à pocher ou à griller;

**landjaeger (gendarmes) :** saucisses plates et sèches, fumées;

**leberwurst :** saucisson de foie de porc à tartiner;

**mettwurst :** saucisse crue à tartiner (porc et bœuf);

**presskopf :** tête de porc ou hure;

**schieffala :** palette de porc fumée;

**schinken ou schunke :** jambon;

**schinkenwurst :** saucisson de jambon;

**schwarzwurst :** saucisson "noir" (fumé);

**speck :** lard;

**zungewurst :** saucisson de langue de gros diamètre.

# Le pissenlit au lard

Si la recette n'est pas exclusivement alsacienne, la qualité du lard local ajoute énormément à la saveur de cette entrée rustique.

**PRÉPARATION :** 15 minutes

**CUISSON :** 3 minutes

**Pour 4 personnes**

**600 g** *de pissenlit*
*huile de tournesol*
*vinaigre de vin blanc*
*moutarde*
**250 g** *de lard maigre fumé*
*sel et poivre*

**1.** Épluchez, lavez et essorez le pissenlit. Celui que l'on ramasse dans les champs avant la floraison est d'une saveur excellente, un peu amère (février-mars), alors que le pissenlit amélioré (octobre à mars) est en général plus fade. Préparez une vinaigrette bien relevée avec 4 cuillerées à soupe d'huile de tournesol, 2 cuillerées à soupe de vinaigre de vin blanc et 1 cuillerée à café de moutarde, salez et poivrez. Fouettez vivement.

**2.** Versez la vinaigrette dans un saladier et ajoutez le pissenlit. Ne remuez pas tout de suite. Taillez le lard en petits lardons. Posez une poêle sur le feu sans y mettre de matière grasse et versez-y les lardons. Faites-les rissoler en les remuant sans arrêt jusqu'à ce qu'ils soient croustillants, ayant rendu leur propre graisse.

**3.** Versez les lardons avec le gras fondu sur le pissenlit et mélangez avec la vinaigrette. Servez aussitôt.

LE PISSENLIT AU LARD

## Le kouglof aux lardons

Variante du kouglof classique aux amandes et aux raisins secs, cette brioche salée farcie de lardons peut servir de pain avec la charcuterie.

**PRÉPARATION :** 30 minutes
**REPOS :** 3 heures
**CUISSON :** 45 minutes

**Pour 8 à 10 personnes**

**25 g** *de levure de boulanger*
**1 kg** *de farine ordinaire*
**40 cl** *de lait*
**3** *œufs*
**300 g** *de beurre*
**50 g** *de sucre en poudre*
**250 g** *de lard de poitrine fumé*
**70 g** *de cerneaux de noix, sel*

**1.** Émiettez la levure dans une terrine, ajoutez la moitié de la farine et la moitié du lait. Mélangez intimement et laissez reposer jusqu'à ce que le levain ait doublé de volume.

**2.** Versez le reste de farine dans une grande terrine, ajoutez 10 g de sel, les œufs battus en omelette et le reste de lait tiédi. Mélangez, puis pétrissez la pâte pendant 10 minutes en la soulevant avec les mains farinées.

**3.** Ajoutez 250 g de beurre ramolli, le sucre, puis le levain. Pétrissez à nouveau pendant 15 minutes, puis couvrez la terrine d'un linge humide et laissez reposer à l'abri des courants d'air pendant 1 heure dans un endroit assez tiède.

**4.** Pendant ce temps, taillez le lard de poitrine fumée en bâtonnets, puis en petits dés. Lorsque la pâte a levé, tapotez-la, rompez-la (pour faire partir l'air), puis incorporez les lardons en les répartissant le plus régulièrement possible. Beurrez grassement un grand moule à kouglof et garnissez les cannelures avec les noix. Versez ensuite la pâte dans le moule et laissez reposer pendant encore 1 heure.

**5.** La pâte ayant presque rempli le moule, mettez celui-ci dans le four à 180 °C et faites cuire pendant 45 minutes. Si le kouglof se colore trop rapidement, couvrez d'un papier sulfurisé. Lorsqu'il est cuit, sortez-le du four et laissez-le refroidir complètement sur une grille avant de le démouler.

LE KOUGLOF AUX LARDONS

# Poissons ET Crustacés

En Alsace, les poissons de rivière ont toujours été traités avec beaucoup d'égards. Il suffit de lire sur les cartes des restaurants des intitulés, très courants, comme brochet de l'Ill à la crème, truites farcies, carpe à la bière ou matelote au riesling pour comprendre que l'on attache ici à la cuisine du poisson beaucoup de soin et d'attention. Une cuisine lente et sage, qui se prépare sans hâte et se déguste en prenant son temps, d'autant plus que les vins blancs sont là pour lui faire escorte.

### RUSTIQUE ET RAFFINÉE

Si l'on passe en revue les différentes étapes de la gastronomie alsacienne depuis ses plus lointaines origines, on s'aperçoit que les habitants des rivières et des étangs ont toujours figuré parmi les préparations de cuisine, des plus modestes aux plus raffinées. Les Romains avaient commencé par introduire l'art d'engraisser les escargots, mais les moines prirent rapidement le relais des techniques d'élevage des aliments "maigres" : ce fut le cas des viviers et réserves de carpes et autres poissons d'eau douce. En outre, la pêche, comme la chasse, a toujours approvisionné les tables les plus riches. Telle celle de Louis le Pieux, dit le Débonnaire, resté dans l'Histoire pour sa passion de la chasse dans les Vosges, au sanglier ou au chevreuil, voire au chamois ou à l'ours, mais aussi pour son goût de la pêche à la truite dans la Thur. Avec l'urbanisation croissante et la montée de la bourgeoisie, dès le XIIIe siècle, l'Alsace médiévale connaît des pratiques plus quotidiennes, comme celle qui consiste à se faire servir, dans les thermes, d'abondantes collations à base de carpe et de gibier. Dans l'ordinaire des gens plus modestes, on trouve beaucoup de harengs salés, importés de Hollande et acheminés par bateau sur le Rhin. Le hareng se rencontre toujours autant : on le déguste volontiers grillé et accompagné de chou.

Les mises en garde de la Réforme – "Votre foi est dans le manger et le boire !", tempêtait Geiler de Kaysersberg du haut de sa chaire dans la cathédrale de Strasbourg – ne furent jamais vraiment efficaces en Alsace, et Montaigne, dans ses *Essais*, remarque que les Alsaciens sont particulièrement attentifs à la table : il s'autorise notamment des commentaires très élogieux sur leur manière d'apprêter le poisson.

Certains plats "maigres" ont aujourd'hui disparu, comme les pieds et les queues de castor, encore courants à la fin du XVIIe siècle, mais d'autres, des plus fastueux, comme la carpe du Rhin (saluée au rang d'"éprouvette gastronomique" par Brillat-Savarin) ou la soupe aux escargots, sont d'un modernisme étonnant.

La cuisine du poisson en Alsace fait mentir certaines affirmations selon lesquelles, dans cette région, la quantité passe parfois avant la qualité. Les carpes du Sundgau, les brochets et les sandres, ainsi que les truites que l'on fête au mois d'août à Andlau sont là pour prouver le contraire. On appréciera

*Depuis le Moyen Âge, la carpe est un des poissons les plus prisés par la cuisine alsacienne.*

notamment le brochet au pinot noir et la friture du Rhin, ainsi que les variantes nombreuses de la carpe à la juive, de la carpe farcie, frite ou au bleu, les darnes de sandre aux pommes ou aux nouilles. En revanche, il faut bien avouer que le saumon, qui remontait le Rhin depuis l'embouchure sur la mer du Nord, et l'omble chevalier des torrents du Ban de la Roche ont malheureusement disparu.

En réalité, le plat de poisson le plus typiquement alsacien n'est autre que la matelote, dite encore matelote de l'Ill. On dit que sa saveur particulière tient à l'accord du riesling et de la carpe, mais elle doit en principe réunir quatre poissons différents au moins, brochet, tanche, anguille et perche (tous présents justement dans la rivière Ill). *L'Auberge de l'Ill*, sans doute la table alsacienne la plus connue grâce aux talents conjugués de tous les membres de la famille Haeberlin, n'était à l'origine qu'un modeste petit restaurant du bord de l'eau. La spécialité de la maison était bien entendu la matelote, plat préféré du célèbre dessinateur Hansi, client assidu.

### ESCARGOTS, GRENOUILLES ET ÉCREVISSES

Si les écrevisses sont moins abondantes que naguère, elles figurent toujours parmi des spécialités comme la crème aux écrevisses ou le flan aux écrevisses, à moins de les déguster tout simplement au court-bouillon. En revanche, les grenouilles sont encore assez présentes pour alimenter la cuisine; elles connaissent de succulentes préparations, assez diversifiées. Le potage aux grenouilles (prononcez "froscheschenkelsupp") est un grand classique, que l'on agrémente de fines herbes. On cuisine aussi les grenouilles avec des œufs (en omelette), en beignets, aux échalotes et au vin blanc, etc.

Quant aux escargots, ils ont toujours été populaires. Les couvents et les monastères étaient en particulier réputés pour leur élevage. Aujourd'hui, on les apprécie toujours, au beurre d'ail et de persil, mais aussi selon bien d'autres recettes originales, comme le bouillon garni de petites brioches farcies, les cassolettes au riesling, avec crème fraîche et champignons, les œufs brouillés ou les feuilletés, les pâtes aux épinards et aux escargots, etc. On discute en revanche sur le meilleur accord avec le vin, riesling ou sylvaner, lequel, selon certains amateurs, possède l'acidité nécessaire pour équilibrer la naturelle richesse du gastéropode.

*La Petite France, à Strasbourg, est un vieux quartier sillonné de canaux aux eaux calmes.*

CHIEN-CAILLOU
CHIEN-CAILLOU

LE BOUILLON D'ESCARGOTS À LA CRÈME

## Le bouillon d'escargots à la crème

Onctueuse et parfumée, cette préparation rapide et facile constitue néanmoins une entrée raffinée.

**PRÉPARATION :** 20 minutes

**CUISSON :** 30 minutes

**Pour 4 personnes**

- 4 *douzaines d'escargots en boîte*
- 2 *échalotes*
- 1 *gousse d'ail*
- 30 g *de beurre*
- 300 g *de pleurotes ou de girolles*
- 1 *verre de riesling*
- 1 *verre de bouillon de volaille*
- 25 cl *de crème fraîche*
- 1 *bouquet de ciboulette*
- *sel*
- *poivre blanc au moulin*

**1.** Ouvrez les boîtes d'escargots, rincez-les abondamment et égouttez-les. Pelez et hachez finement les échalotes et la gousse d'ail. Faites fondre le beurre dans une casserole, ajoutez l'ail et les échalotes, faites-les cuire en remuant sans les laisser colorer.

**2.** Nettoyez rapidement les champignons en coupant les pieds. Évitez de les laver, coupez-les en morceaux et ajoutez-les dans la casserole. Faites-les cuire doucement pendant 5 minutes, puis montez le feu à découvert pour faire évaporer l'eau de végétation.

**3.** Ajoutez le riesling et les escargots, laissez mijoter 5 minutes, puis ajoutez le bouillon. Faites réduire de moitié le liquide sur feu modéré, salez et poivrez, puis incorporez la crème fraîche en remuant. Laissez cuire tout doucement en fouettant de temps en temps jusqu'à consistance bien crémeuse.

**4.** Répartissez le contenu de la casserole dans des assiettes creuses et parsemez de ciboulette ciselée. Servez aussitôt.

BOISSON CONSEILLÉE : **RIESLING**

# Le sandre à la bière

Ce grand poisson d'eau douce est originaire d'Europe centrale. Il se pêche surtout en été dans les rivières et les étangs. Sa chair blanche est fine et ferme.

**PRÉPARATION :** 15 minutes
**CUISSON :** 35 minutes

**Pour 4 personnes**

- **4** *belles tranches de sandre de 200 g chacune*
- **4** *oignons*
- **60 g** *de beurre*
- *paprika, graines de pavot*
- **12 cl** *de bière blonde amère*
- **20 cl** *de crème fraîche*
- *sel et poivre*

**1.** Épongez les tranches de sandre dans du papier de cuisine sur les deux faces, salez-les et poivrez-les. Pelez les oignons et émincez-les finement. Faites fondre 30 g de beurre dans une poêle, posez-y les tranches de sandre et faites-les cuire 3 minutes de chaque côté. Retirez-les et posez-les en attente dans un plat.

**2.** Rajoutez le reste de beurre et les oignons émincés dans la poêle. Faites-les cuire en remuant pendant une petite dizaine de minutes, puis poudrez avec quelques pincées de paprika et de pavot. Mélangez bien, ajoutez la bière et laissez mijoter une dizaine de minutes. Incorporez ensuite la crème fraîche et mélangez pour bien lier. (Ne mettez jamais le paprika directement dans un récipient chaud sans matière grasse, sinon il prend un gout âcre.)

**3.** Versez la moitié de cette préparation dans un plat creux allant au four, posez-y les tranches de sandre et nappez du reste de sauce aux oignons. Couvrez d'une feuille de papier d'aluminium et passez le tout au four à 180 °C pendant une dizaine de minutes.

Vous pouvez cuisiner le brochet de la même façon. Comme garniture, proposez des nouilles fraîches arrosées de beurre fondu dans lequel vous aurez ajouté un peu de pavot et de poivre noir.

BOISSON CONSEILLÉE : **BIÈRE BLONDE**

LE SANDRE À LA BIÈRE

LES ÉCREVISSES AU COURT-BOUILLON

## Les écrevisses au court-bouillon

Les torrents des Vosges ont longtemps été une réserve idéale de truites et d'écrevisses. Si la pêche est aujourd'hui moins "miraculeuse", les recettes n'ont pas disparu pour autant.

**PRÉPARATION :** 30 minutes
**CUISSON :** 1 heure

**Pour 4 personnes**

- **4** *douzaines d'écrevisses*
- **2** *carottes*
- **3** *échalotes*
- **1** *gros oignon*
- **1** *branche de céleri*
- **60 g** *de beurre*
- **1** *bouteille de sylvaner*
- *kirsch*
- **1** *bouquet garni*
- *poivre de Cayenne*
- *poivre et cumin en grains*
- *sel et poivre*

**1.** Pelez les carottes, les échalotes et l'oignon. Parez le céleri. Taillez finement ces légumes en petits dés. Faites fondre le beurre dans une grande marmite, ajoutez les légumes et faites cuire sur feu doux en remuant pendant une vingtaine de minutes sans laisser colorer.

**2.** Versez la bouteille de sylvaner et ajoutez 1 ou 2 cuillerées à soupe de kirsch, salez et poivrez, ajoutez également le bouquet garni, 1 demi-cuillerée à café de poivre de Cayenne, 10 grains de poivre et 1 cuillerée à café de cumin. Complétez le mouillement avec 1 grand verre d'eau et portez à ébullition. Baissez le feu, couvrez et laissez mijoter pendant 30 minutes.

**3.** Lavez les écrevisses, châtrez-les (en retirant le boyau noir qui tient à l'écaille au milieu du bout de la queue), puis jetez-les dans le court-bouillon. Lorsque celui-ci se met à bouillir, couvrez et comptez une dizaine de minutes de cuisson en remuant de temps en temps. Retirez du feu, laissez tiédir et servez dans un grand saladier, avec toute la cuisson.

Si vous laissez jeûner les écrevisses pendant 2 jours, suspendues au frais dans un filet, vous n'avez pas besoin de les châtrer.

BOISSON CONSEILLÉE : **SYLVANER**

LE BROCHET AU RIESLING

## Le brochet au riesling

Le brochet de rivière a toujours meilleure réputation que le brochet d'eau dormante, dont les écailles sont plus sombres et qui peut éventuellement avoir un goût de vase, comme la carpe. C'est la cuisson au court-bouillon ou au vin qui permet d'apprécier au mieux la finesse de ce poisson à la chair ferme et blanche.

**PRÉPARATION :** 25 minutes
**CUISSON :** 25 minutes

**Pour 4 personnes**

- **1** *brochet de 1,2 kg environ*
- **3** *échalotes*
- **60 g** *de beurre*
- *huile*
- **50 cl** *de riesling*
- **25 cl** *de crème fraîche*
- *sel et poivre*

**1.** Pelez et hachez finement les échalotes. Étêtez, écaillez, videz et lavez le brochet. Coupez-le en larges tranches. Faites chauffer 30 g de beurre dans une grande sauteuse, en ajoutant 1 cuillerée à soupe d'huile.

**2.** Posez les tranches de brochet dans la matière grasse bien chaude et faites-les cuire pendant 5 minutes environ sur feu vif. Retournez-les puis faites-les cuire encore 5 minutes de l'autre côté en surveillant bien la cuisson. Salez et poivrez.

**3.** Retirez les tranches de brochet de la sauteuse et réservez-les au chaud. Mettez les échalotes dans la sauteuse, mouillez avec le riesling et laissez réduire de moitié à découvert en remuant de temps en temps. Ajoutez enfin la crème fraîche et mélangez en remuant pendant 5 minutes, puis incorporez le reste de beurre en parcelles, en fouettant vivement.

**4.** Goûtez et rectifiez l'assaisonnement. Disposez les tranches de brochet dans un plat chaud, nappez de sauce et servez aussitôt.

Vous pouvez ajouter dans la sauteuse, avec les échalotes, une poignée de champignons émincés, de préférence de cueillette.

BOISSON CONSEILLÉE : **RIESLING**

LE SAUMON AUX MOUSSERONS

## Le saumon aux mousserons

Si vous ne trouvez pas de mousserons, prenez des girolles, ou des champignons de couche mélangés à des pleurotes.

**PRÉPARATION :** 10 minutes
**CUISSON :** 25 minutes

**Pour 4 personnes**

- **4** *darnes de saumon de 150 g chacune*
- *farine*
- **150 g** *de petits lardons fumés*
- **40 g** *de beurre*
- **200 g** *de mousserons bien fermes*
- **1** *demi-citron*
- **25 cl** *de crème fraîche*
- **1** *cuillerée à café de raifort*
- *vin blanc, sel et poivre*

**1.** Salez et poivrez les darnes de saumon. Farinez-les. Par ailleurs, faites rissoler les lardons dans une poêle, à cru, sans rajouter de matière grasse.

**2.** Faites fondre le beurre dans une grande poêle et mettez-y les darnes de saumon. Laissez-les cuire de 7 à 8 minutes en les retournant une fois. Ajoutez les mousserons et le jus du demi-citron. Poursuivez la cuisson de 6 à 7 minutes, puis égouttez les darnes de saumon et les champignons et tenez-les au chaud.

**3.** Déglacez la poêle avec 2 cuillerées à soupe de vin blanc, puis ajoutez la crème fraîche et le raifort. Mélangez en faisant réduire sur feu assez vif jusqu'à consistance onctueuse.

**4.** Servez les darnes de saumon sur des assiettes chaudes, entourées de mousserons, nappez de sauce et ajoutez en garniture les petits lardons croustillants. Servez aussitôt.

BOISSON CONSEILLÉE : **RIESLING**

## L'omelette farcie aux grenouilles

Cette délicieuse préparation est plus facile à réussir pour un petit nombre de personnes.

**PRÉPARATION :** 15 minutes
**CUISSON :** 20 minutes

**Pour 3 personnes**

- **4** *œufs*
- **1** *échalote*
- **80 g** *de beurre*
- **8** *cuisses de grenouille*
- **5 cl** *de sylvaner*
- **3** *cuillerées à soupe de crème fraîche*
- **1** *petit bouquet de cerfeuil*
- *sel et poivre blanc au moulin*

**1.** Pelez et hachez finement l'échalote. Faites chauffer 40 g de beurre dans un poêlon, ajoutez l'échalote hachée et les cuisses de grenouille, mélangez, salez et poivrez. Faites revenir en remuant pendant 5 minutes puis ajoutez le sylvaner. Faites cuire doucement pendant encore 5 minutes, puis égouttez les cuisses de grenouille et laissez-les tiédir. Décortiquez-les.

**2.** Faites réduire le liquide de cuisson, puis ajoutez la crème fraîche et fouettez sur feu vif en incorporant 25 g de beurre. Rectifiez l'assaisonnement. Remettez les cuisses de grenouille dans cette sauce et tenez au chaud.

**3.** Cassez les œufs dans une jatte et battez-les. Salez et poivrez. Faites fondre le reste de beurre dans une poêle et confectionnez l'omelette. Roulez-la et faites-la glisser sur un plat chaud. Fendez-la aussitôt dans la longueur et versez dessus les cuisses de grenouille à la crème. Ajoutez le cerfeuil ciselé.

Vous pouvez préparer le ragoût de grenouilles à l'avance et faire cuire l'omelette au dernier moment.

L'OMELETTE FARCIE AUX GRENOUILLES

LES HARENGS AU RAIFORT

## SAINT ÉTIENNE ET LES VINS D'ALSACE

S'il est un accord réussi, c'est celui du poisson et du vin blanc. D'où l'occasion de saluer ici l'antique Confrérie bachique de saint Étienne, qui tient ses assises au château Schwendi à Kientzheim, lequel est un peu à l'Alsace ce qu'est le Clos-Vougeot à la Bourgogne : un haut lieu de l'œnologie et de la tradition vinicole. Née à Ammerschwihr au XIV^e^ siècle, cette "société de bourgeois" avait l'habitude d'offrir un repas fastueux à ses membres le 26 décembre, jour de la Saint-Étienne, d'où le nom et les traditions de la confrérie. Le tokay d'Alsace (que Lazare de Schwendi importa, dit-on, de Hongrie), le pinot noir et le riesling, "âme du vignoble", sont au cœur des épreuves que doit franchir le postulant pour devenir confrère apprenti, compagnon, puis maître. Les dépendances du château rassemblent sur trois étages les collections du Musée du vignoble et des vins d'Alsace. Objets quotidiens et beaux outils, costumes et documents illustrent ainsi la tradition du vin et de la vigne. Au rez-de-chaussée a été reconstituée une cave de vigneron, avec ses cuves et ses tonneaux. Un monumental pressoir voisine avec de nombreux ustensiles à la patine éloquente. Seul le caveau voûté subsiste du château du XV^e^ siècle, alors que la demeure Renaissance, postérieure, a été restaurée par les viticulteurs eux-mêmes.

# Les harengs au raifort

Interprétés d'une manière moderne, les ingrédients de cette recette reflètent le goût de la cuisine alsacienne pour des saveurs bien affirmées.

**PRÉPARATION :** 20 minutes
**CUISSON :** 25 minutes

**Pour 4 personnes**

- 4 *harengs frais de 200 g chacun*
- 12 *champignons de couche*
- 4 *échalotes*
- 2 *œufs durs*
- 1 *bouquet de persil plat*
- 1 *cuillerée à soupe de raifort râpé*
- 2 *cuillerées à soupe de crème fraîche*
- 50 g *de beurre*
- *sel et poivre au moulin*

**1.** Nettoyez et hachez les champignons. Pelez et hachez très finement les échalotes. Mélangez les champignons, les échalotes, les œufs durs grossièrement hachés et 2 ou 3 cuillerées à soupe de persil plat haché. Salez et poivrez.

**2.** Farcissez les harengs vidés et nettoyés avec cette préparation. Refermez-les en appuyant bien. Par ailleurs, mélangez le raifort et la crème fraîche.

**3.** Beurrez 4 rectangles de papier d'aluminium et posez-y les harengs farcis. Répartissez le raifort à la crème sur les 4 poissons, puis refermez hermétiquement les papillotes. Faites cuire dans le four à 200 °C pendant 25 minutes environ.

Servez les papillotes directement dans les assiettes avant de les ouvrir pour ne pas perdre le jus de cuisson.

BOISSON CONSEILLÉE
**BIÈRE BLONDE**

LA CARPE À LA JUIVE

## La carpe à la juive

C'est en Alsace que l'on a conservé certaines recettes du répertoire juif, notamment de pâtisseries, de plats de pâtes et de poissons, comme cette préparation de la carpe qui convient aussi pour le brochet ou autre poisson de rivière.

**PRÉPARATION :** 15 minutes
**CUISSON :** 25 minutes
**PRISE EN GELÉE :** de 3 à 4 heures

**Pour 4 personnes**

- 1 *carpe de 1,2 kg environ*
- 4 *oignons*
- 1 *bouquet de persil*
- 1 *bouquet de ciboulette*
- 2 *cuillerées à soupe d'aneth*
- *huile*
- *farine*
- 2 *gousses d'ail*
- 2 *cuillerées à soupe de raisins secs*
- *sel et poivre blanc au moulin*

**1.** Parez la carpe (nettoyée, écaillée et vidée). Coupez-la en tronçons réguliers. Pelez et émincez finement les oignons. Lavez les fines herbes, épongez-les et hachez-les.

**2.** Faites chauffer 2 cuillerées à soupe d'huile dans une cocotte, ajoutez 2 cuillerées à soupe de farine et mélangez sur feu moyen. Lorsque le roux devient blond, versez 30 cl d'eau chaude et remuez, puis ajoutez les oignons, l'ail haché et toutes les fines herbes, ainsi que les raisins secs. Salez et poivrez largement.

**3.** Mettez les tronçons de carpe dans cette préparation et faites cuire à découvert pendant une vingtaine de minutes sur feu assez vif en surveillant. Égouttez délicatement les morceaux de poisson et disposez-les régulièrement, sans les entasser, dans un plat creux.

**4.** Faites réduire la cuisson en remuant sur feu vif, puis versez-la sur les morceaux de poisson, lissez le dessus et laissez refroidir, puis mettez le plat au réfrigérateur jusqu'au moment de servir.

Les morceaux de poisson ainsi pris en gelée peuvent être servis en entrée froide. Cette préparation est très pratique à cuisiner à l'avance.

BOISSON CONSEILLÉE : **BIÈRE BLONDE**

LES DARNES DE SAUMON AU VIN BLANC

## Les darnes de saumon au vin blanc

Avec sa garniture d'asperges et de fonds d'artichauts, cette recette de saumon (poisson jadis très abondant dans le Rhin) est un plat de printemps raffiné.

**PRÉPARATION :** 20 minutes
**CUISSON :** 20 minutes

**Pour 4 personnes**

- **4** *darnes de saumon frais assez épaisses*
- **600 g** *d'asperges blanches*
- **1** *oignon*
- **3** *échalotes*
- *ciboulette, persil plat*
- **200 g** *de beurre, huile*
- **50 cl** *de riesling*
- **8** *fonds d'artichauts cuits*
- *sel et poivre*

**1.** Faites cuire les asperges à l'eau bouillante salée, puis égouttez-les et laissez-les tiédir. Pelez et hachez finement l'oignon et les échalotes. Ciselez de la ciboulette et du persil plat pour en avoir 3 cuillerées à soupe de chaque environ.

**2.** Mettez quelques noisettes de beurre dans un grand plat à gratin, ajoutez un filet d'huile, puis rangez-y les darnes de poisson tête-bêche. Salez et poivrez. Ajoutez la ciboulette et le persil mélangés. Faites cuire dans le four à chaleur vive (220 °C) pendant 3 minutes, retournez les darnes et faites cuire encore 3 minutes de l'autre côté.

**3.** Pendant ce temps, faites fondre le hachis d'oignon et d'échalote dans un peu de beurre, puis mouillez avec le riesling, portez à ébullition et faites réduire à découvert sur feu doux.

**4.** Faites tiédir les fonds d'artichauts dans un peu de beurre, puis coupez-les en tranches épaisses. Coupez les pointes et tronçonnez les tiges des asperges. Par ailleurs, faites fondre le reste de beurre (90 g environ) au bain-marie, écumez, puis versez-le dans la réduction de riesling. Rectifiez l'assaisonnement. Disposez les darnes de saumon sur les assiettes de service. Entourez-les en garniture de fonds d'artichauts et d'asperges, puis nappez de sauce et servez.

Vous pouvez passer ou non la sauce avant de la lier au beurre fondu.

BOISSON CONSEILLÉE : **RIESLING**

LA MATELOTE ALSACIENNE

LA CARPE À LA BIÈRE

## La matelote alsacienne

On l'appelle aussi matelote de l'Ill, du nom de cette rivière poissonneuse qui fournit bien des restaurants réputés. Une liaison à la crème lui donne une onctuosité particulière.

**PRÉPARATION :** 30 minutes

**CUISSON :** 1 heure

**Pour 4 personnes**

- **1,3 kg** *de poissons de rivière (truites, anguilles, brochetons, perches)*
- **1** *oignon*
- **1** *carotte*
- **1** *bouquet garni*
- **1,5 l** *de riesling*
- **50 g** *de beurre*
- **40 g** *de farine*
- **2** *jaunes d'œufs*
- **25 cl** *de crème fraîche épaisse*
- *sel et poivre*

**1.** Parez tous les poissons, écaillez-les et videz-les, puis lavez-les soigneusement. Préparez un fumet avec les têtes et les parures, l'oignon, la carotte émincée et le bouquet garni, mouillez avec 1 litre de riesling et 50 cl d'eau. Laissez-le mijoter doucement pendant 30 minutes puis passez-le.

**2.** Versez le fumet filtré dans une marmite et ajoutez encore 50 cl de vin. Portez à ébullition, plongez-y d'abord les brochetons, les anguilles et les perches, puis, 5 à 6 minutes plus tard, les truites. Salez et poivrez. Laissez cuire à très petits frémissements de 15 à 20 minutes.

**3.** Égouttez les poissons et tenez-les au chaud. Passez le bouillon de cuisson (il en faut 1 litre environ). Faites fondre le beurre dans une casserole, ajoutez la farine et mélangez sur feu modéré pendant 3 minutes. Mouillez ce roux avec le bouillon de cuisson des poissons, puis portez à ébullition et faites réduire à découvert d'un bon tiers. Mélangez dans un bol à part les jaunes d'œufs et la crème fraîche.

**4.** Versez la liaison à la crème dans le court-bouillon réduit et faites chauffer en évitant dès lors toute ébullition. Remuez sur feu doux jusqu'à consistance bien onctueuse. Rectifiez l'assaisonnement. Disposez les poissons dans un plat creux très chaud, nappez de sauce et servez.

## La carpe à la bière

Encore un exemple traditionnel de cuisine à la bière, très bien adapté aux poissons charnus qui supportent les cuissons mijotées en sauce.

**PRÉPARATION :** 20 minutes
**CUISSON :** 30 minutes

**Pour 4 personnes**

- **1** *carpe de 1 kg, nettoyée et vidée*
- **2** *gros oignons jaunes*
- **3** *branches de céleri*
- **1** *carotte*
- **50 g** *de beurre*
- *cumin en grains*
- **1** *bouquet garni*
- **50 cl** *de bière blonde*
- **1** *tranche de pain d'épice*
- *sel et poivre*

**1.** Pelez les oignons et émincez-les finement. Parez le céleri et hachez-le. Pelez la carotte et taillez-la en très fines rondelles. Faites fondre le beurre dans une cocotte. Ajoutez-y les légumes et faites-les fondre en remuant pendant 5 minutes. Salez et poivrez la carpe intérieurement et glissez-y 2 pincées de cumin.

**2.** Posez la carpe sur la fondue de légumes et faites-la cuire pendant quelques minutes en la retournant délicatement plusieurs fois. Ajoutez le bouquet garni et versez la bière. Émiettez le pain d'épice et ajoutez-le également. Couvrez la cocotte et faites cuire dans le four à 180 °C pendant 25 minutes environ.

**3.** Égouttez le poisson et posez-le sur un plat bien chaud. Passez toute la cuisson au mixeur jusqu'à consistance onctueuse, goûtez et rectifiez l'assaisonnement, puis nappez la carpe de cette sauce. Servez aussitôt.

Comme garniture, vous pouvez proposer des rondelles de céleri-rave citronnées et cuites à la vapeur.

BOISSON CONSEILLÉE : **BIÈRE BLONDE**

## Le brochet à la crème

Réservez ce plat magnifique pour un jour de fête, mais ne croyez pas qu'il exige des talents de cordon bleu hors pair : il requiert simplement des produits de grande qualité et du soin dans la confection.

**PRÉPARATION :** 40 minutes
**CUISSON :** 30 minutes

**Pour 4 personnes**

- **1** *brochet de 1,5 kg environ*
- **5 ou 6** *échalotes*
- **150 g** *de beurre*
- **12 cl** *de riesling*
- **25 cl** *de crème fraîche épaisse*
- **1** *demi-citron*
- **2** *cuillerées à soupe de persil plat haché*
- **1** *cuillerée à soupe de pluches de cerfeuil*
- *sel et poivre blanc au moulin*

**1.** N'hésitez pas à demander à votre poissonnier d'écailler et de vider le brochet. Laissez-le entier, avec la tête et la queue, pour une présentation plus fastueuse. Lavez le poisson et épongez-le. Salez-le et poivrez-le intérieurement. Pelez et hachez finement les échalotes.

**2.** Avec la moitié du beurre, enduisez largement une poissonnière (ou un plat creux) qui contiendra le brochet allongé. Ajoutez les échalotes, salez et poivrez. Posez le brochet dessus, puis versez doucement le vin et la crème.

**3.** Faites cuire dans le four à bonne chaleur (190 °C) pendant 20 minutes en arrosant souvent et en surveillant la cuisson. Sortez le brochet délicatement et posez-le sur un plat de service chaud.

**4.** Passez tout le fond de cuisson dans une casserole en écrasant les échalotes hachées, ajoutez le jus du demi-citron, salez et poivrez. Incorporez ensuite le reste de beurre par petits morceaux en fouettant sans arrêt. Nappez le brochet de cette sauce, parsemez du mélange de fines herbes et servez aussitôt.

BOISSON CONSEILLÉE : **PINOT BLANC**

LE BROCHET À LA CRÈME

LES PAUPIETTES DE TRUITE AUX CHAMPIGNONS

## Les paupiettes de truite aux champignons

Délicate et parfumée, cette recette est idéale pour un dîner de fête.

**PRÉPARATION :** 25 minutes

**CUISSON :** 30 minutes

**Pour 4 personnes**

- **8** *filets de truite*
- **1** *bouquet de ciboulette*
- **1** *bouquet de cerfeuil*
- **2** *cuillerées à soupe d'aneth*
- **250 g** *de beurre*
- **2** *échalotes*
- *huile*
- **250 g** *de champignons*
- **25 cl** *de vin blanc*
- *sel et poivre*

**1.** Hachez très finement la ciboulette et le cerfeuil. Ajoutez l'aneth. Travaillez 200 g de beurre à la spatule pour le ramollir, puis incorporez les fines herbes, salez et poivrez. Vous pouvez préparer ce beurre vert au mixeur, mais c'est aussi simple avec une fourchette. Réservez au frais.

**2.** Pelez et hachez finement les échalotes. Faites-les fondre dans une casserole avec un peu d'huile, ajoutez les champignons et faites-les cuire à découvert sur feu modéré 10 minutes en les remuant. Salez et poivrez, égouttez et réservez.

**3.** Salez et poivrez les filets de truite. Tartinez-les chacun copieusement de beurre aux fines herbes, puis enroulez-les en paupiettes et maintenez-les fermés avec des pique-olives en bois.

**4.** Beurrez un plat à four et étalez-y les champignons sautés. Rangez-y les paupiettes farcies et arrosez de vin blanc. Faites cuire dans le four à chaleur douce pendant une vingtaine de minutes.

Les nouilles fraîches constituent la meilleure garniture de ce plat de poisson. Vous pouvez aussi le préparer avec des filets de sole. Quant aux champignons, ceux de cueillette sont bien entendu préférables.

BOISSON CONSEILLÉE : **RIESLING**

## La morue à l'alsacienne

C'est, avec le hareng, le seul poisson de mer que l'on cuisine fréquemment dans les régions éloignées des côtes, généralement avec des pommes de terre et des oignons.

**PRÉPARATION :** 25 minutes
**TREMPAGE :** 12 heures
**CUISSON :** 1 heure

**Pour 6 personnes**

- **1 kg** *de filets de morue*
- **4** *oignons*
- **2** *grandes tranches de pain de campagne*
- **6** *pommes de terre*
- **20 cl** *de lait*
- **150 g** *de beurre*
- *sel et poivre blanc*

**1.** Commencez par faire tremper la morue pendant toute la nuit, la veille de la préparation. Si vous prenez des filets de morue préparés, quelques heures de trempage à l'eau froide suffisent (du matin pour le déjeuner par exemple).

**2.** Pelez et émincez les oignons. Écroûtez les tranches de pain et coupez la mie en petits cubes. Pelez les pommes de terre et lavez-les. Faites cuire la morue dans une casserole d'eau additionnée de lait, portée juste à la limite de l'ébullition pendant une douzaine de minutes. Par ailleurs, faites cuire les pommes de terre à l'eau salée 25 minutes environ.

**3.** Faites chauffer 50 g de beurre dans une poêle, ajoutez les oignons et remuez sur feu moyen pour les faire blondir. Retirez du feu. Faites ensuire dorer les cubes de pain au beurre en les retournant souvent. Égouttez-les.

**4.** Égouttez la morue et effeuillez-la en retirant les arêtes qui peuvent subsister. Égouttez les pommes de terre et coupez-les en rondelles assez épaisses. Beurrez grassement un plat à gratin profond.

**5.** Remplissez le plat de couches successives d'oignons, de pommes de terre, de morue et de cubes de pain rissolés. Recommencez les couches jusqu'à épuisement des ingrédients. Arrosez de beurre fondu. Salez modérément et poivrez. Faites cuire dans le four à 190 °C pendant 15 bonnes minutes. Servez aussitôt dans le plat de cuisson.

BOISSON CONSEILLÉE : **BIÈRE BLONDE**

### JEAN-JACQUES WALTZ, DIT HANSI

Dessinateur virtuose à la fois souriant et outrancier, Hansi, né à Colmar en 1872, au moment où sa province venait d'être annexée par l'Allemagne pour quarante-sept ans, est largement responsable encore aujourd'hui de l'image poétique et humoristique, colorée et parfois caricaturale dont l'Alsace bénéficie chez les Français "de l'intérieur" en général. Écrivain et graveur, aquarelliste et imagier doué d'un registre d'expression particulièrement étendu, Hansi ne cessa de ridiculiser l'occupant avec une malice goguenarde, une sincérité sans faille et un sens aigu de la résistance patriotique. Son folklore pittoresque et ses décors "couleur locale", ses cortèges de villageoises en costume régional, grand nœud noir à cocarde largement déployé, ses bourgeois rougeauds et ses arrière-plans vosgiens témoignent d'un trait personnel et d'un esprit délibérément railleur.

LA MORUE À L'ALSACIENNE

LES TRUITES AU BLEU

## Les truites au bleu

Cette recette nécessite des poissons fraîchement pêchés et tués 3 heures au maximum après leur sortie de l'eau. La meilleure solution est d'aller les acheter dans un vivier où vous les choisissez dans les bassins d'eau courante.

**PRÉPARATION :** 15 minutes
**CUISSON :** 30 minutes

**Pour 4 personnes**

- **4** *truites vivantes de 200 g chacune environ*
- **2** *carottes*
- **1** *oignon*
- **1** *branche de céleri*
- **2** *brins de persil plat*
- *laurier, thym*
- **30 cl** *de vin blanc*
- **20 cl** *de vinaigre*
- **1** *citron*
- *gros sel et poivre en grains*

**1.** Assommez les truites, videz-les et passez-les rapidement sous l'eau. Ne les essuyez pas, car c'est le mucus dont elles sont recouvertes qui permet la cuisson au bleu. Rangez-les dans un plat en porcelaine à feu et mettez-les au frais.

**2.** Pelez les carottes et l'oignon, émincez-les finement, tronçonnez le céleri, puis mettez le tout dans une grande casserole avec le persil plat, 1 feuille de laurier, 1 brin de thym, 1 douzaine de grains de poivre et 1 cuillerée à soupe de gros sel.

**3.** Versez le vin blanc et 1 litre d'eau, portez à ébullition et laissez cuire une vingtaine de minutes. (Vous pouvez préparer ce court-bouillon à l'avance.) Une dizaine de minutes avant de servir, faites bouillir le vinaigre dans une petite casserole et versez-le sur les truites, puis reversez le tout dans la casserole du court-bouillon porté à ébullition. Faites cuire sur feu vif pendant 7 minutes.

**4.** Égouttez les truites : elles doivent être bien arquées, avec la peau bleu vif. Si la cuisson est bien menée, la peau ne doit pas avoir éclaté. Servez-les sur un plat chaud avec des pommes de terre à l'eau, du persil et des quartiers de citron.

## Le sandre aux morilles

Plat de fête raffiné, ce sandre braisé au vin blanc, garni de morilles, illustre parfaitement la gastronomie du poisson d'eau douce, dans ses meilleurs accords avec les champignons.

**PRÉPARATION :** 20 minutes
**CUISSON :** 25 minutes

**Pour 4 personnes**

- **1,2 kg** *de filets de sandre parés*
- **300 g** *de morilles*
- **2** *échalotes*
- *beurre*
- **20 cl** *de riesling*
- **1** *citron*
- **1** *bouquet de ciboulette*
- *farine*
- **20 cl** *de crème fraîche*
- **2** *jaunes d'œufs*
- *sel et poivre*

**1.** Nettoyez les morilles en coupant le pied. Coupez-les en deux si elles sont grosses. Évitez de les laisser tremper dans l'eau. Pelez et hachez les échalotes.

**2.** Beurrez grassement un plat allant au four. Salez, poivrez et farinez les filets de sandre des deux côtés et rangez-les dans le plat. Arrosez-les de riesling et ajoutez le jus d'un demi-citron. Enfournez à chaleur moyenne et faites cuire sans fermer la porte en arrosant souvent les filets de poisson. La cuisson dure une vingtaine de minutes. Diminuez la chaleur si vous estimez qu'elle va trop vite.

**3.** Pendant ce temps, faites revenir les morilles dans une casserole avec un peu de beurre, ajoutez la ciboulette hachée et 2 cuillerées à soupe de crème fraîche. Laissez mijoter 20 minutes.

**4.** Égouttez les filets de sandre cuits et mettez-les dans un plat de service bien chaud. Versez leur jus de cuisson dans une casserole, liez avec le reste de crème fraîche, les jaunes d'œufs et une grosse noix de beurre. Salez et poivrez. Ajoutez les champignons et leur sauce, mélangez délicatement, puis nappez les filets de sandre. Servez aussitôt, avec simplement des nouilles fraîches comme garniture.

BOISSON CONSEILLÉE : **RIESLING**

LE SANDRE AUX MORILLES

TRIMBACH
1988
FRÉDÉRIC ÉMILE

LE POTAGE AUX GRENOUILLES

## Le potage aux grenouilles

Vous confectionnerez ce grand classique de la cuisine alsacienne pour un jour de fête ou une réunion de famille.

**PRÉPARATION :** 30 minutes

**CUISSON :** 40 minutes

**Pour 6 personnes**

- **600 g** *de cuisses de grenouille prêtes à cuire*
- **4** *échalotes*
- **50 g** *de beurre*
- **40 cl** *de vin blanc sec*
- **40 cl** *de fumet de poisson*
- **1** *botte de cresson*
- **2** *jaunes d'œufs*
- **25 cl** *de crème fraîche*
- *noix muscade, sel et poivre blanc*

**1.** Pelez les échalotes et hachez-les très finement. Faites fondre 20 g de beurre dans une grande casserole, ajoutez le hachis d'échalotes et faites cuire sur feu modéré pendant 5 minutes. Lorsqu'elles sont transparentes, ajoutez les cuisses de grenouille par petites quantités et faites-les colorer dans le beurre aux échalotes, en rajoutant éventuellement quelques parcelles de beurre.

**2.** Salez, poivrez et muscadez, puis versez le vin blanc et le fumet. Remuez et laissez mijoter tranquillement une dizaine de minutes. Égouttez les cuisses de grenouille et laissez-les tiédir avant de les décortiquer. Gardez toutes les chairs au chaud et filtrez la cuisson.

**3.** Triez et lavez le cresson, épongez-le, puis faites-le fondre dans une casserole avec le reste de beurre en remuant sur feu doux. Versez le liquide de cuisson des grenouilles et mélangez, puis laissez mijoter une vingtaine de minutes.

**4.** Mettez les jaunes d'œufs dans un bol, ajoutez la crème fraîche et mélangez, puis versez cette liaison dans la casserole. Évitez dès lors toute ébullition et remuez jusqu'à consistance onctueuse. Goûtez et rectifiez l'assaisonnement, n'hésitez pas à muscader largement. Répartissez les cuisses de grenouille désossées dans des assiettes creuses bien chaudes, puis passez le potage et versez-le par-dessus. Poivrez et servez.

## Les grenouilles aux fines herbes

C'est l'une des recettes les plus rapides et les plus faciles pour déguster les cuisses de grenouille, très appréciées dans la cuisine alsacienne.

**PRÉPARATION :** 5 minutes
**CUISSON :** 10 minutes

**Pour 4 personnes**

- **4** *douzaines de cuisses de grenouille*
- **3** *échalotes*
- **1** *bouquet de persil plat*
- **1** *bouquet de ciboulette*
- *quelques feuilles d'oseille*
- *farine*
- **300 g** *de beurre*
- *sel et poivre*

**1.** Pelez les échalotes et hachez-les finement. Lavez le persil, la ciboulette et l'oseille, épongez-les et hachez le tout finement. Mélangez les échalotes et les fines herbes. Réservez.

**2.** Épongez les cuisses de grenouille et farinez-les légèrement. Faites fondre 100 g de beurre dans deux grandes poêles. Répartissez les cuisses de grenouille dans les deux poêles, salez et poivrez. Faites rissoler. Dès qu'elles sont colorées d'un côté, retournez-les, puis baissez le feu, ajoutez un tiers du hachis échalotes-fines herbes et poursuivez la cuisson de 3 à 4 minutes.

**3.** Égouttez les cuisses de grenouille et réunissez-les dans une seule poêle avec le reste de beurre frais en parcelles. Mélangez délicatement et ajoutez tout le reste de hachis échalotes-fines herbes. Mélangez encore une fois, laissez chauffer quelques instants et servez aussitôt.

Vous pouvez ajouter dans le hachis une pointe d'ail haché, mais il ne s'agit pas d'une simple persillade (ail et persil hachés).

BOISSON CONSEILLÉE
**PINOT BLANC**

## Les cuisses de grenouille en beignets

Il est préférable de laisser reposer la pâte à crêpes de 1 à 2 heures, mais ce n'est pas absolument indispensable. Avec le reste de pâte, confectionnez un dessert.

**PRÉPARATION :** 25 minutes
**CUISSON :** 10 minutes

**Pour 4 personnes**

- **40** *cuisses de grenouille*
- **250 g** *de farine*
- **30 cl** *de lait*
- **15 cl** *de bière*
- **3** *œufs*
- **125 g** *de beurre, huile*
- **1** *gros bouquet de persil*
- *sel et poivre*

**1.** Préparez la pâte à crêpes avec la farine, le lait et la bière, le tout bien délayé. Battez les œufs en omelette et ajoutez-les au mélange précédent, puis incorporez 2 cuillerées à soupe d'huile et salez. La pâte doit être assez épaisse. Lavez le persil, épongez-le et hachez-le finement.

**2.** Faites fondre le beurre dans une grande poêle et ajoutez un peu d'huile pour avoir une bonne couche de matière grasse, sans toutefois préparer un vrai bain de friture. Plongez les cuisses de grenouille une par une dans la pâte à crêpes, puis faites-les poêler dans la matière grasse bien chaude.

**3.** Égouttez les cuisses de grenouille quand elles sont bien dorées et croustillantes et servez-les brûlantes, parsemées de persil haché. Salez et poivrez.

BOISSON CONSEILLÉE : **CRÉMANT**

LES GRENOUILLES AUX FINES HERBES

# Viandes ET Abats

Les viandes de boucherie qu'utilise le plus couramment la cuisine alsacienne sont essentiellement le bœuf et le veau, si l'on met à part le porc, qui relève plutôt de la charcuterie. En revanche, l'agneau et le mouton sont pratiquement ignorés.

### UN SYMBOLE DE CUISINE FAMILIALE

Le célèbre baekenofe, dont chaque maîtresse de maison possède "la vraie" recette, comme pour le kouglof, peut aujourd'hui paraître un concentré de gastronomie opulente, avec son mélange de viandes mijotées avec des oignons et des pommes de terre en rondelles, le tout mouillé de riesling ou de pinot avec force aromates. Ce chef-d'œuvre d'onctuosité symbolise parfaitement une cuisine familiale que les soupes et les tartes enrichissent à plaisir. Il n'en reste pas moins vrai que ce plat tient ses origines d'une cuisine très modeste, une cuisine de paysans. Jadis, ordinairement, on se contentait d'y mettre une seule sorte de viande, généralement du porc, et, les jours de fête seulement, on y ajoutait du mouton et du bœuf, voire de l'oie. C'était rituellement le plat du lundi, jour réservé autrefois dans les villages à la lessive, ce qui ne laissait guère de temps pour la cuisine. Le baekenofe était préparé la veille au soir, et les femmes le portaient le lundi matin chez le boulanger, qui le mettait à cuire ("baeken") dans son four ("ofen") après sa fournée. Sa réussite dépend d'ailleurs toujours d'une cuisson lente, à chaleur douce, et pendant un temps prolongé, de manière que tous les ingrédients soient bien fondus et imprégnés d'aromates.

### DE SOLIDES NOURRITURES TERRESTRES

La petite histoire et les chroniques locales gardent le souvenir de mémorables banquets et de festins à nul autre pareils où les viandes les plus diverses se faisaient concurrence. D'ailleurs, Johann Fischart, de Strasbourg, qui publia en 1585 une traduction du *Gargantua* de Rabelais en allemand, ne dénombra-t-il pas une bonne cinquantaine d'occasions de festoyer sans retenue ? Citons par exemple le légendaire Martin Kulm, soldat en permission devenu personnage populaire embelli par le mythe, qui dévora à lui tout seul dans une auberge, après une soupe au pain, un kilo de bœuf bouilli, une choucroute garnie, une fricassée de volaille, divers oiseaux et une truite, le tout arrosé de cinq pichets de vin. Et, dans un style plus noble, rappelons le passage de Louis XV à Strasbourg en 1744, à l'occasion duquel les bouchers rôtirent en son honneur un bœuf de 800 livres farci de deux moutons. Bref, il n'existe pas d'endroit au monde "où le besoin de convivialité soit plus énergiquement démontré ni plus amplement satisfait qu'en Alsace", selon les termes de C. Gérard, auteur de *l'Ancienne Alsace à table.* Il est évident également que les viandes de boucherie ne figurent pas au premier rang des spécialités alsaciennes, comme la charcuterie, le foie gras ou les poissons de rivière. Certains observateurs ont fait remarquer que la cuisine alsacienne, c'était le goût français et la quantité germanique. En l'occurrence, pour le chapitre du bœuf, c'est aussi un peu le goût allemand, avec une prédilection pour les saveurs aigres-douces et la pratique de la marinade ou de la saumure. Le bœuf bouilli et son bouillon garni de quenelles à la moelle, ainsi que la daube à l'aigre-doux ou la soupe à la queue de bœuf demandent en outre des épices et des condiments typiques, qui font appel par exemple aux raisins secs, aux baies de genièvre, à la noix muscade, voire aux graines de pavot ou au carvi. Le raifort remplace souvent la moutarde, et, lorsque la maîtresse de maison cuisine un pot-au-feu, elle pose souvent sur la table, avec les cornichons et les oignons au vinaigre, un pot de gelée de groseille ou d'airelle.

Plus que les viandes juste saisies, poêlées ou grillées, l'Alsacien pratique une cuisine mijotée, avec des farces et des sauces, des tourtes, des pâtés et des potées. En témoignent aussi, dans le registre des viandes blanches, la poitrine de veau farcie, les grenadins aux fines herbes ou les paupiettes. Quant aux tripes au riesling, c'est une très ancienne recette dans laquelle, au Moyen Âge, on ajoutait souvent du safran.

Enfin, cette évocation ne serait pas complète sans la mention d'une donnée complémentaire de la gastronomie alsacienne, celle de la cuisine juive, cuisine familiale par excellence, dont l'unité trouve ses racines dans des traditions ancestrales. Cette cuisine s'exprime d'une part dans les variantes du tchoulend, pot-au-feu cuit à l'étouffée dans le four du boulanger, dans les pâtes farcies à la viande, les mélanges sucrés-salés, et d'autre part dans la pâtisserie.

Nombre de vieilles recettes alsaciennes étaient tombées dans l'oubli, mais aujourd'hui, en Alsace, le goût des maîtresses de maison pour cet art de la table qu'elles pratiquent de mère en fille depuis plusieurs générations a permis de retrouver d'anciens plats adaptés au goût moderne. La tourte de la vallée de Munster, qui associe porc et veau, persil, oignon et mie de pain sous une pâte feuilletée, ainsi que le pot-au-feu à l'alsacienne sont de cette veine.

*Les plaisirs de la table sont ritualisés avec déférence, comme sur ce décor d'un étal de boucher.*

*Mis à part le porc, le veau et le bœuf sont les deux viandes majeures de la cuisine alsacienne.*

LE BŒUF MARINÉ AUX SPAETZLE

## Le bœuf mariné aux spaetzle

Prévoyez plusieurs jours pour la marinade et 2 bonnes heures de cuisson pour réussir cette pièce de bœuf à servir en plat d'hiver.

**PRÉPARATION :** 30 minutes

**MARINADE :** 6 jours

**CUISSON :** 2 heures

Pour **8** personnes

**2 kg** *de bœuf en un seul morceau (paleron macreuse ou jumeau)*
**6** *oignons*
*laurier*
*clous de girofle*
**45 cl** *de bon vinaigre*
**250 g** *de lard gras*
**6** *carottes*
*saindoux*
**200 g** *de lard maigre*
*gros sel et poivre en grains*

**1.** Pelez et émincez 3 oignons. Frottez le morceau de bœuf de gros sel et mettez-le dans une grande terrine, ajoutez les oignons, 20 grains de poivre, 2 feuilles de laurier et 4 clous de girofle. Arrosez de vinaigre additionné d'un verre d'eau bouillante. Laissez mariner de 5 à 6 jours. Chaque jour, égouttez la viande, faites bouillir la marinade et versez-la à nouveau sur la viande.

**2.** Le jour du service, égouttez le morceau de bœuf et épongez-le. Taillez le lard gras en bâtonnets et lardez la pièce de viande. Pelez et émincez les oignons restants et les carottes.

**3.** Faites chauffer 2 cuillerées à soupe de saindoux dans une cocotte, ajoutez les oignons et les carottes et faites-les rissoler. Ajoutez la viande et le lard maigre taillé en lardons. Arrosez d'un verre de marinade passée et faites braiser doucement sur le feu à couvert ou dans le four. Rajoutez éventuellement un peu de marinade si le fond de cuisson devient trop court. Rectifiez l'assaisonnement et servez avec des spaetzle préparés pendant la cuisson de la viande.

BOISSON CONSEILLÉE : **PINOT NOIR**

LE BŒUF MARINÉ EN AIGRE-DOUX

## Le bœuf mariné en aigre-doux

Les recettes inspirées du répertoire d'Europe centrale ne sont pas rares dans la cuisine alsacienne, comme en témoigne ce bœuf mariné à l'aigre-doux qui comporte des raisins secs.

**PRÉPARATION :** 20 minutes
**MARINADE :** 12 heures au moins
**CUISSON :** 2 heures 40

Pour **6** personnes

- **1,3 kg** *de bœuf à braiser en un morceau*
- **2** *oignons*
- **2** *carottes*
- **3** *gousses d'ail*
- *persil et estragon en branches*
- *sucre en morceaux*
- **1 l** *de pinot rouge*
- **125 g** *de raisins secs*
- **1** *petit verre de kirsch*
- **12 cl** *de crème fraîche*
- *huile, sel et poivre*

**1.** Pelez et émincez finement les oignons, les carottes et les gousses d'ail. Mettez la pièce de viande dans une terrine, ajoutez les légumes, 4 brins de persil et 2 branches d'estragon, 5 morceaux de sucre, sel et poivre. Ajoutez le pinot rouge et laissez mariner au frais pendant 12 heures. (Cette marinade peut même durer 3 jours.)

**2.** Égouttez la viande et épongez-la. Faites chauffer 2 cuillerées à soupe d'huile dans une grande cocotte et posez-y la viande. Faites-la dorer en la retournant, puis versez la marinade après l'avoir passée. Couvrez et faites cuire pendant 2 heures 30.

**3.** Pendant ce temps, faites tremper les raisins secs dans le kirsch. Ajoutez-les dans la cocotte, avec le kirsch, et laissez mijoter à couvert pendant encore une bonne dizaine de minutes. Égouttez la viande et coupez-la en morceaux. Mettez-les dans un plat de service chaud.

**4.** Ajoutez la crème dans le plat de cuisson et mélangez pour bien lier. Rectifiez l'assaisonnement. Nappez la viande de cette sauce avec les raisins secs.

BOISSON CONSEILLÉE : **BIÈRE BLONDE**

# Le filet de bœuf au pinot

Réservé aux amateurs de viande rouge, ce plat de viande est riche en saveurs bien corsées.

**PRÉPARATION :** 15 minutes
**CUISSON :** 30 minutes

**Pour 6 personnes**

- **1** *rôti de filet de bœuf de 1,2 kg*
- *huile*
- **4** *échalotes*
- **100 g** *de beurre*
- **20 cl** *de pinot rouge*
- *laurier, thym*
- **20 cl** *de bouillon de bœuf bien corsé*
- **200 g** *de moelle de bœuf*
- *ciboulette hachée*
- *sel, poivre concassé*
- *poivre au moulin*

**1.** Badigeonnez le rôti d'huile, salez-le et roulez-le dans du poivre concassé en appuyant bien. Posez-le dans une poêle sur feu vif, sans matière grasse, et faites-le colorer pendant 5 minutes. Retirez-le, puis enfournez-le et faites-le cuire pendant 20 minutes à 230 °C. Sortez-le du four et posez-le sur une planche à découper recouverte de papier d'aluminium pour le tenir au chaud.

**2.** Pendant la cuisson de la viande, préparez la sauce. Pelez et hachez finement les échalotes. Faites-les suer avec 30 g de beurre dans une casserole, puis versez le pinot et déglacez en grattant avec une spatule. Ajoutez 1 feuille de laurier émiettée, un peu de thym et le bouillon de bœuf. Laissez réduire sur feu assez vif pendant 15 minutes.

**3.** Coupez la moelle de bœuf en tranches épaisses et faites-les pocher pendant quelques minutes à l'eau bouillante salée. Passez la sauce, remettez-la dans la casserole et liez-la avec le reste de beurre en parcelles, en fouettant vivement.

**4.** Découpez le rôti en tranches assez épaisses. Servez-les sur des assiettes très chaudes; ajoutez à la sauce le jus qui a coulé lors du découpage. Nappez les tranches de cette sauce et ajoutez les tranches de moelle de bœuf en garniture. Parsemez de ciboulette, poivrez et servez.

Vous pouvez aussi faire poêler une tranche de filet de bœuf par personne dans du beurre.

BOISSON CONSEILLÉE : **PINOT NOIR**

LE FILET DE BŒUF AU PINOT

**APPRÉCIER :**
**LE BŒUF SALÉ À LA JUIVE**

Pour cette recette alsacienne typiquement juive, prenez un bon morceau de poitrine de bœuf, de 1,5 kg environ, frottez-le d'ail et mettez-le dans une grande terrine, poivrez au moulin, salez au gros sel et ajoutez du salpêtre ainsi que quelques feuilles de laurier. Posez une grande assiette sur la terrine, puis un poids quelconque assez lourd sur celle-ci. Mettez le tout au frais pendant plusieurs jours. Retirez ensuite la pièce de viande et lavez-la soigneusement à l'eau. Mettez-la ensuite à cuire à l'eau avec du laurier, 1 oignon piqué et quelques grains de poivre. Comptez au moins 2 heures de cuisson à petite ébullition. Servez avec des pommes de terre et, surtout, de la sauce au raifort : râpez une racine et ajoutez un peu de bouillon pour délayer, puis incorporez de la mie de pain, un peu de moutarde, du sel et du sucre, et enfin 1 bon verre de crème fraîche.

LE BAEKENOFE

## Le baekenofe

Il existe bien des orthographes du nom de ce plat, qui veut dire littéralement "four du boulanger". C'est un ragoût de viandes mélangées typiquement campagnard, très longuement mijoté, plat traditionnel du lundi, jour de lessive, où les femmes, très occupées, portaient leurs marmites chez le boulanger pour qu'il les fasse cuire dans son four.

**PRÉPARATION :** 20 minutes
**MARINADE :** 12 heures
**CUISSON :** 4 heures

**Pour 6 personnes**

**500 g** *d'épaule de mouton*
**500 g** *d'épaule de porc*
**500 g** *de bœuf (paleron, gîte)*
**1 kg** *d'oignons*
**3** *clous de girofle*
**2** *gousses d'ail*
**1** *bouquet garni*
**50 cl** *de vin blanc*
**1 kg** *de pommes de terre*
*saindoux, farine, sel et poivre*

**1.** Découpez les viandes en gros cubes et mettez-les dans une terrine. Ajoutez 1 oignon pelé et émincé, 1 autre pelé et piqué de clous de girofle, les gousses d'ail pelées et écrasées, le bouquet garni, sel et poivre. Versez le vin blanc et laissez mariner au frais pendant la nuit.

**2.** Pelez et émincez le reste des oignons, pelez les pommes de terre et coupez-les en rondelles pas trop fines. Graissez largement une cocotte en fonte ou en terre avec du saindoux. Mettez une couche de pommes de terre dans le fond de la cocotte, ajoutez des cubes de viande égouttés en les mélangeant, puis une couche d'oignons. Alternez les couches jusqu'à épuisement des ingrédients, en terminant par les pommes de terre.

**3.** Retirez le bouquet garni et l'oignon piqué de la marinade, puis versez doucement celle-ci dans la cocotte de manière que le liquide couvre à peine la dernière couche (vous pouvez rajouter un peu d'eau ou de bouillon).

**4.** Mélangez un peu de farine et d'eau pour obtenir une pâte malléable (ce qu'on appelle un lut). Mettez le couvercle de la cocotte en place et soudez-le avec le cordon de pâte. Mettez la cocotte dans le four et faites cuire à 160 °C pendant 4 heures environ. Cassez le lut de farine pour retirer le couvercle.

Vous pouvez remplacer la moitié des pommes de terre par du céleri-rave. Une cuisson longue et régulière est indispensable pour que le baekenofe acquière toute sa saveur.

BOISSON CONSEILLÉE
**PINOT GRIS OU NOIR**

## L'émincé de bœuf au foie gras

Qualifié également de "strasbourgeois" à cause de la présence du foie gras, ce plat raffiné convient pour un nombre réduit de personnes, mais il est assez rapide à préparer.

**PRÉPARATION :** 20 minutes
**CUISSON :** 20 minutes

**Pour 4 personnes**

- **500 g** *de filet de bœuf*
- **100 g** *de foie gras d'oie frais*
- **3** *fonds d'artichauts*
- **3** *échalotes*
- **80 g** *de beurre*
- **1** *cuillerée à soupe de marc*
- **1** *petit verre de riesling*
- **10 cl** *de bouillon de bœuf corsé*
- *sel et poivre*

**1.** Découpez la viande en fines tranches. Coupez le foie gras en dés réguliers et les fonds d'artichauts en quartiers. Pelez et émincez finement les échalotes. Faites chauffer la moitié du beurre dans une poêle. Mettez-y les tranches de bœuf et faites-les saisir et colorer en les retournant pendant 5 minutes.

**2.** Ajoutez les artichauts et faites sauter le tout pendant quelques minutes, puis ajoutez enfin les dés de foie gras et faites encore chauffer pendant 2 minutes. Égouttez le tout.

**3.** Ajoutez les échalotes hachées et faites-les suer pendant 2 minutes, ajoutez le marc et le riesling, mélangez et laissez réduire sur feu moyen. Ajoutez enfin le bouillon, puis liez avec le reste de beurre frais en parcelles. Remettez les morceaux de bœuf, les artichauts et le foie gras dans cette sauce. Laissez juste chauffer, rectifiez l'assaisonnement et servez.

BOISSON CONSEILLÉE
**PINOT GRIS**

L'ÉMINCÉ DE BŒUF AU FOIE GRAS

## Les petits pâtés à la viande

Appelés "fleischschnaka" en alsacien, ces pâtés, assez voisins de grosses ravioles, demandent un peu de temps de préparation, mais donnent un résultat original.

**PRÉPARATION :** 40 minutes
**CUISSON :** 50 minutes

**Pour 4 personnes**

- **400 g** *de restes de viande cuite (bouillie ou rôtie)*
- **1** *oignon*
- **1** *bouquet de persil*
- *noix muscade*
- **400 g** *de pâte à nouilles*
- *beurre et huile de tournesol*
- **25 cl** *de bouillon de bœuf*
- **20 cl** *de vin blanc sec*
- *sel et poivre*

**1.** Pelez et hachez finement l'oignon. Ciselez le persil. Hachez la viande en petits morceaux en retirant éventuellement les parties les plus grasses. Mélangez ces ingrédients, salez, poivrez et muscadez. Vous pouvez aussi ajouter quelques graines de cumin.

**2.** Abaissez la pâte à nouilles sur le plan de travail fariné pour obtenir un rectangle régulier de 4 mm d'épaisseur environ. Étalez le hachis précédent sur l'abaisse, puis roulez celle-ci sur elle-même en enfermant la farce. Soudez le bord avec un peu d'eau, puis découpez le boudin en portions régulières.

**3.** Faites chauffer 30 g de beurre et 1 cuillerée à soupe d'huile de tournesol dans une grande poêle. Ajoutez les "pâtés" et faites-les dorer doucement dans la poêle en les retournant. Égouttez-les et rangez-les dans une cocotte. Versez le bouillon et le vin, couvrez et faites mijoter tout doucement pendant 30 bonnes minutes. Servez très chaud dans la cocotte.

BOISSON CONSEILLÉE
**SYLVANER**

LES PETITS PÂTÉS À LA VIANDE

## Les quenelles de cervelle

La cuisine alsacienne est riche en quenelles, que l'on nomme "knepfles", servies le plus souvent en entrée. On y trouve, outre les "leverknepfles" (quenelles de foie de porc) et les quenelles "vertes" (à base de pain, d'oignon et d'épinard), les quenelles de cervelle de veau que voici.

**PRÉPARATION :** 20 minutes
**REPOS :** 1 heure
**CUISSON :** 15 minutes

**Pour 4 personnes**

- **4** *cervelles de veau*
- *vinaigre*
- *court-bouillon*
- **200 g** *de chapelure blanche*
- **100 g** *de beurre*
- **3 ou 4** *œufs*
- *noix muscade, bouillon de volaille*
- *vinaigrette aux fines herbes*
- *sel et poivre*

**1.** Lavez les cervelles à l'eau froide, éliminez le sang et la pellicule qui les enveloppe. Faites-les dégorger pendant 1 heure dans de l'eau froide vinaigrée, égouttez-les et rincez-les. Faites-les pocher ensuite dans un court-bouillon pendant une dizaine de minutes. Égouttez-les à nouveau et épongez-les.

**2.** Coupez les cervelles en morceaux et mettez-les dans un saladier. Écrasez-les à la fourchette en ajoutant la chapelure, le beurre en pommade et les œufs. La farce obtenue doit être malléable sans être trop molle. Salez, poivrez et muscadez largement.

**3.** Versez 1,5 litre de bouillon dans une casserole et portez à la limite de l'ébullition. Prélevez une portion de farce avec une cuiller à soupe; moulez la quenelle et faites-la glisser dans le bouillon à l'aide d'une seconde cuiller. Faites ainsi pocher toutes les quenelles en comptant 5 minutes de cuisson environ. Égouttez-les soigneusement et servez-les tièdes avec une vinaigrette aux fines herbes bien relevée.

Vous pouvez aussi utiliser de la cervelle de bœuf, moins chère que celle du veau (prenez-en une pour 4 personnes et comptez 20 minutes de cuisson au court-bouillon avant de confectionner les quenelles).

BOISSON CONSEILLÉE : **TOKAY**

LES QUENELLES DE CERVELLE

LA SOUPE À LA QUEUE DE BŒUF

## La soupe à la queue de bœuf

Chaleureuse et consistante, cette recette économique est parfaite pour un dîner d'hiver.

**PRÉPARATION :** 30 minutes

**CUISSON :** 2 heures

**Pour 6 personnes**

**800 g** *de queue de bœuf*
**3** *poireaux*
**6** *carottes*
**2** *oignons*
**200 g** *de céleri-rave*
*beurre*
*farine*
**2 l** *de bouillon de bœuf*
**25 cl** *de vin rouge bien corsé*
*raifort*
*sel et poivre au moulin*

**1.** Pelez, parez et émincez les légumes. Taillez-les tous en petits morceaux réguliers. Faites fondre 50 g de beurre dans une grande cocotte en fonte, ajoutez les légumes et faites-les revenir. Posez la queue de bœuf dessus, coupée en tronçons de 5 cm environ. Couvrez et faites chauffer pendant 1 heure sur feu très doux.

**2.** Poudrez de farine et mélangez avec une spatule pour obtenir un roux blond. Versez le bouillon, salez et poivrez. Faites cuire à couvert pendant 45 minutes sur feu modéré. Égouttez les tronçons de queue de bœuf et laissez-les tiédir.

**3.** Ajoutez dans le bouillon qui contient encore les légumes taillés le vin rouge et 1 cuillerée à café de raifort râpé. Mélangez bien et faites mijoter pendant 15 minutes encore. Pendant ce temps, désossez soigneusement les morceaux de queue de bœuf. Rajoutez les morceaux de viande dans la soupe et servez très chaud dans des assiettes creuses.

BOISSON CONSEILLÉE : **PINOT GRIS**

CUVÉE FRÉDÉRIC ÉMILE
TRIMBACH

## DÉCOUVRIR : UNE ALSACE AUTHENTIQUE

Bien que situé aux portes de Strasbourg, exclusivement rural et fier de passer pour le conservatoire des traditions, le Kochersberg est une région opulente au pied des collines de Wasselonne à Hochfelden. Moins connu que la "route des vins", ce terroir présente l'image séculaire d'une Alsace authentique, avec ses houblonnières et ses vergers, ses champs de tabac et ses riches cultures. Dans ses villages cossus, on peut admirer les plus grandes et les plus belles fermes de toute la province. Les bourgs sont groupés autour d'un solide clocher en bâtière, et les fermes imposantes sont souvent précédées sur la cour d'un porche monumental. À Truchtersheim, le chef-lieu de canton, elles sont particulièrement remarquables, ainsi qu'à Quatzenheim, Ittenheim, Hohatzenheim ou Mittelhausen. C'est là que l'on peut encore voir la "Stube" dans toute sa splendeur, avec ses boiseries et ses beaux meubles, son grand poêle et, au mur, des images peintes sous verre. Et lorsque la sortie de la messe rassemble la communauté, les femmes avec leur petit bonnet carré clouté de pierreries et brodé de fils d'or, les jeunes filles avec un nœud écossais, c'est un défilé haut en couleur de costumes étonnants de rutilance, mais portés avec le plus grand naturel.

*L'Alsace est une des régions de France où le costume traditionnel est encore porté, dans la vie quotidienne surtout par les femmes.*

# La poitrine de veau farcie

La farce à base de mélange de champignons agrémenté de fines herbes convient particulièrement bien au veau, ce qui permet d'éviter le pain de mie trempé de lait, nettement plus fade.

**PRÉPARATION :** 30 minutes
**CUISSON :** 1 heure 15

**Pour 6 personnes**

- **1** *kg de poitrine de veau*
- **600 g** *de champignons mélangés (pleurotes, girolles, trompettes-de-la-mort, mousserons)*
- **1** *citron*
- **5** *échalotes*
- **70 g** *de beurre*
- *persil*
- **10 cl** *de crème fraîche*
- **4** *tranches de jambon blanc nature ou braisé*
- *ciboulette*
- **20 cl** *de vin blanc*
- **1** *bouquet garni, sel et poivre*

**1.** Demandez au boucher de désosser et d'ouvrir la poitrine de veau pour pouvoir la farcir facilement. Salez-la et poivrez-la. Nettoyez les champignons en évitant si possible de trop les laver et hachez-les grossièrement. Citronnez-les. Pelez et hachez très finement les échalotes.

**2.** Faites chauffer 30 g de beurre dans une casserole, ajoutez les échalotes et remuez sur le feu pendant 5 minutes. Ajoutez les champignons et faites-les sauter rapidement. Salez et poivrez. Ajoutez 2 cuillerées à soupe de persil haché et autant de crème fraîche. Mélangez intimement et retirez du feu.

**3.** Étalez la poitrine de veau désossée sur le plan de travail. Rangez par-dessus les tranches de jambon en les superposant, puis versez le hachis de champignons en rajoutant une bonne poignée de fines herbes mélangées. Roulez la poitrine de veau en rentrant les côtés à chaque bout et ficelez-la en ballottine. Vous pouvez aussi coudre les deux extrémités pour empêcher la farce de sortir. Il convient de ne pas trop serrer la poitrine farcie, car la farce a tendance à gonfler en cuisant.

**4.** Faites fondre le reste de beurre dans une cocotte. Posez-y la poitrine de veau farcie et faites-la colorer en la retournant plusieurs fois. Versez le vin blanc et ajoutez le bouquet garni. Couvrez et faites mijoter pendant 1 heure.

**5.** Retirez la poitrine de veau farcie de la cocotte. Éliminez le bouquet garni et ajoutez le reste de la crème fraîche dans le jus de cuisson pour lier. Fouettez bien et rectifiez l'assaisonnement. Coupez la viande en tranches épaisses et servez-les sur des assiettes bien chaudes.

Proposez la sauce à part, avec des petits pois aux carottes ou des pâtes fraîches comme garniture.

BOISSON CONSEILLÉE : **RIESLING**

LA POITRINE DE VEAU FARCIE

LES GRENADINS AUX FINES HERBES

## Les grenadins aux fines herbes

Les petites pièces de viande poêlées au beurre comme les grenadins se cuisinent volontiers avec une sauce à la crème et aux fines herbes.

**PRÉPARATION :** 15 minutes

**CUISSON :** 25 minutes

**Pour 4 personnes**

- 4 *grenadins de veau*
- *farine*
- *estragon*
- *persil plat et ciboulette*
- 120 g *de beurre*
- 12 cl *de vin blanc*
- 12 cl *de crème fraîche*
- *moutarde douce*
- *sel et poivre*

**1.** Salez et poivrez les grenadins, farinez-les légèrement. Ciselez les fines herbes mélangées pour en avoir en tout 4 cuillerées à soupe environ.

**2.** Faites fondre 60 g de beurre dans une grande poêle, écumez-le quand il commence à mousser, puis posez-y les grenadins. Saisissez-les pendant 3 minutes de chaque côté, puis arrosez-les de vin blanc, baissez le feu et poursuivez la cuisson doucement pendant 15 bonnes minutes. Égouttez-les et tenez-les au chaud.

**3.** Ajoutez la crème fraîche et 1 cuillerée à café de moutarde dans la poêle, mélangez en grattant les sucs pour déglacer, puis faites réduire sur feu moyen. Passez la sauce, versez-la dans une petite casserole et incorporez du beurre frais en parcelles en fouettant vivement.

**4.** Ajoutez la moitié des fines herbes à la sauce. Posez les grenadins dans les assiettes de service chaudes, nappez de sauce et ajoutez le reste des fines herbes sur le dessus.

Pour une garniture raffinée, vous pouvez choisir des asperges blanches bien moelleuses, cuites à la vapeur et arrosées de beurre fondu et citronné. Sinon, servez par exemple des spaetzle.

BOISSON CONSEILLÉE : **RIESLING**

LES TRIPES AU VIN BLANC

## Les tripes au vin blanc

Cette recette remonte vraisemblablement au Moyen Âge. À l'époque, les épices qui relevaient le plat étaient encore plus nombreuses.

**PRÉPARATION :** 20 minutes

**CUISSON :** 1 heure 15

**Pour 4 personnes**

- **800 g** *de tripes nature, déjà cuites*
- **2** *oignons*
- **2** *gousses d'ail*
- **1** *bouquet de persil plat*
- *beurre, huile, farine*
- **10 cl** *de riesling*
- **10 cl** *de bouillon de bœuf*
- *noix muscade, curry*
- *crème fraîche, sel et poivre*

**1.** Pelez et hachez grossièrement les oignons. Pelez et émincez les gousses d'ail. Lavez le persil, épongez-le et ciselez-le finement. Détaillez les tripes en fines languettes.

**2.** Faites chauffer 20 g de beurre et 1 cuillerée à soupe d'huile dans une casserole à fond épais. Ajoutez les tripes, mélangez en remuant pour les faire revenir, puis ajoutez les oignons et l'ail. Mélangez à nouveau pendant 2 minutes, puis poudrez de farine. Faites cuire encore 2 minutes en remuant, puis versez le riesling, salez et poivrez.

**3.** Mélangez le bouillon, 1 demi-cuillerée à café de noix muscade râpée et 1 cuillerée à soupe de curry dans un verre. Versez ce mélange dans la casserole et réglez sur feu doux. Laissez cuire doucement pendant 1 bonne heure.

**4.** Quelques minutes avant de servir, incorporez la crème fraîche en remuant avec une cuiller en bois et ajoutez quelques parcelles de beurre frais en fouettant. Goûtez et rectifiez l'assaisonnement. Versez dans un plat creux très chaud et poudrez abondamment de persil. Servez aussitôt.

La garniture classique des tripes est fournie par des pommes de terre à la vapeur.

BOISSON CONSEILLÉE : **RIESLING**

LES PAUPIETTES DE VEAU FARCIES

## Les paupiettes de veau farcies

Cette recette très ancienne associe d'une manière originale des escalopes de veau et de la moelle de bœuf.

**PRÉPARATION :** 20 minutes

**CUISSON :** 1 heure

**Pour 4 personnes**

- **4** *escalopes de veau*
- **100 g** *de moelle de bœuf*
- **200 g** *de lard maigre fumé*
- **1** *bouquet de persil*
- **12** *baies de genièvre*
- **50 g** *de beurre*
- **20 cl** *de bouillon de bœuf*
- **15 cl** *de crème fraîche, sel et poivre*

**1.** Faites pocher la moelle de bœuf dans une petite casserole d'eau salée portée à la limite de l'ébullition de 5 à 6 minutes. Égouttez-la et épongez-la, puis coupez-la en dés. Réservez.

**2.** Hachez finement le lard, ajoutez le persil haché, les baies de genièvre concassées et poivrez au moulin. Ajoutez les dés de moelle et mélangez. Aplatissez soigneusement les escalopes et répartissez la farce précédente sur chacune d'elles. Roulez-les et ficelez-les.

**3.** Faites chauffer le beurre dans une cocotte, ajoutez les paupiettes et faites-les dorer en les retournant, puis versez le bouillon, couvrez et laissez mijoter tranquillement pendant 50 minutes environ. Égouttez-les et déficelez-les.

**4.** Ajoutez la crème dans la cocotte pour bien lier le jus de cuisson. Goûtez et rectifiez l'assaisonnement. Servez les paupiettes sur des assiettes chaudes, nappées de la sauce à la crème.

BOISSON CONSEILLÉE : **RIESLING**

## Le bouilli de bœuf à l'alsacienne

Ce sont les garnitures croquantes et relevées qui donnent le caractère alsacien à ce bœuf gros sel qui fait à lui seul le repas entier.

**PRÉPARATION :** 30 minutes

**CUISSON :** 1 heure 40

**Pour 4 personnes**

- **1 kg** *de gîte ou de paleron en un seul morceau*
- **2** *oignons*
- **7** *carottes*
- **2** *poireaux*
- **3** *branches de céleri*
- *clous de girofle*
- *laurier*
- **4** *betteraves cuites*
- **250 g** *de céleri-rave*
- **200 g** *de chou rouge émincé vinaigrette*
- **200 g** *de raifort*
- **100 g** *de mie de pain*
- **20 cl** *de crème fraîche*
- *cornichons*
- **4** *œufs durs*
- *gros sel et poivre au moulin*

**1.** Pelez les oignons et les carottes, nettoyez et parez les poireaux et les branches de céleri. Réunissez le morceau de bœuf, 3 carottes, les oignons piqués de clous de girofle, les poireaux et les branches de céleri, 2 feuilles de laurier, sel et poivre dans une grande marmite. Couvrez d'eau et portez lentement à ébullition.

**2.** Écumez fréquemment et laissez cuire à petits frémissements pendant 1 heure 30 ou davantage, jusqu'à ce que la viande soit très tendre. Pendant ce temps, préparez les garnitures : carottes râpées, betteraves en petits cubes, céleri-rave râpé et julienne de chou rouge, le tout assaisonné de vinaigrette bien relevée et présenté dans des raviers séparés.

**3.** Lorsque la viande est cuite, prélevez 1 tasse de bouillon, puis mélangez-le en fouettant avec le raifort râpé, la mie de pain émiettée et la crème fraîche. Faites chauffer le tout dans une petite casserole en mélangeant intimement.

**4.** Servez la viande découpée en tranches épaisses avec la sauce au raifort chaude, les garnitures à la vinaigrette, les cornichons et les œufs durs.

Le reste de bouillon dégraissé sera servi à un autre repas avec des noques ou de petites quenelles de foie en garniture.

BOISSON CONSEILLÉE **BIÈRE BLONDE**

LE BOUILLI DE BŒUF À L'ALSACIENNE

MILLÉSIME

# Volaille ET Gibier

Avec le porc et la charcuterie, la volaille et le gibier constituent le second grand chapitre de la gourmandise alsacienne. L'oie, bien plus encore que la dinde, reste la volaille alsacienne de prédilection. C'est la fameuse oie à rôtir de la Saint-Martin, que l'on cuisine farcie aux marrons, aux pommes ou en civet. Citons aussi le salmis d'oie au chou rouge. Ses seules cuisses mijotées à la choucroute sont particulièrement savoureuses. Quant aux blancs de poitrine de l'oie engraissée pour le foie, une fois fumés, ils sont tout spécialement appréciés dans la cuisine juive. Comme dans le Sud-Ouest – avec lequel l'Alsace présente plus d'un point commun, si l'on compte la culture du tabac, la production de foies gras et la viticulture –, on prépare aussi des cous d'oie farcis de foie gras. On aime également la dinde, mais plus sagement. En revanche, la basse-cour livre de forts beaux poulets (plus que de vrais coqs), à préparer au riesling ou à la bière. Le poussin de la Wantzenau, une localité du Bas-Rhin, désigne une variété de poulet renommé d'assez petite taille. Quant aux cailles, elles se cuisinent facilement, comme c'est de règle en pays de vin, avec des grains de raisin. Enfin, le lapin n'est pas dédaigné : on le traite d'une manière classique, en manière de civet mijoté au pinot rouge, mais aussi, avec plus d'originalité, en pot-au-feu.

### LE FOIE GRAS DE STRASBOURG

La longue et riche histoire du foie gras passe forcément par l'Alsace. La scène se passe dans les années 1770, lorsque le maréchal marquis de Contades, nouveau gouverneur de la province, s'installe au château de l'Ile-Jars. Il ne tarde pas à engager à son service, pour les fêtes somptueuses qu'il donne, un jeune chef renommé du nom de Jean-Pierre Clause et lui demande de renouveler le répertoire traditionnel, sans doute las des grands classiques alsaciens. Clause invente alors une sorte de tourte : dans une croûte de pâte, il place une farce fine de lard et de veau, sur laquelle il pose délicatement plusieurs foies gras entiers, puis il referme d'un couvercle et enfourne à chaleur douce. Ce "pâté de foie gras à la

*Détail d'un meuble en bois sculpté de l'auberge du* Père Floranc *à Colmar : nature morte de gibier.*

Contades" connut aussitôt un succès fabuleux, et Brillat-Savarin fit plus tard le vibrant éloge de ce "Gibraltar de foie gras qui (...) fit cesser toutes les conversations (...) et se succéder tour à tour sur toutes les physionomies le feu du désir, l'extase de la jouissance, le repos parfait de la béatitude." Cette création fut portée, dit-on, à la connaissance de Louis XVI, gourmet à ses heures, et Clause finit par commercialiser son pâté dans une pâtisserie dont il avait épousé la propriétaire. Connu sous le nom de "pâté de Strasbourg", le foie gras en croûte fit ensuite la fortune des charcutiers traiteurs qui poursuivirent la tradition. Aujourd'hui, le gavage de l'oie est loin d'être aussi florissant que par le passé, mais l'industrie du foie gras est toujours active et le foie gras n'a jamais quitté la table alsacienne. D'ailleurs, le foie gras "façon Colmar" retrouve un regain d'intérêt, cuit au torchon et remis en forme après malaxage et, éventuellement, adjonction de lamelles de truffe.

### GIBIER DE POIL ET DE PLUME

La loutre braisée et la queue de castor, qui ont longtemps fait partie des mœurs gourmandes en Alsace, ont aujourd'hui disparu de la table, mais le gibier, de poil ou de plume, est toujours très vivement apprécié dans cette région de traditions. La saison du gibier y est en effet particulièrement prestigieuse, avec bien sûr le faisan à la choucroute et le perdreau au chou, mais surtout les grandes recettes du gibier de poil : civet de lièvre aux nouilles fraîches ou aux spaetzle, cuissot de chevreuil accompagné de poires pochées ou d'airelles, selle de marcassin aux cerises ou aux myrtilles et autres noisettes de chevreuil à la sauce poivrade.

Nombreux sont ceux, pourtant, qui craignent une disparition progressive des plaisirs gourmands de la chasse et du gibier. L'accroissement des cultures modernes s'est traduit, ici comme ailleurs, par la disparition des haies et des taillis, et les oiseaux n'ont plus d'abris où se cacher. En outre, les traitements insecticides pour protéger les semis, effectués au mois de juin, ont des conséquences désastreuses pour les oiseaux qui, du coup, n'ont plus de quoi se nourrir. Donc, de plus en plus, le gibier est "élevé" avec des aliments artificiels, ce qui peut lui donner un désagréable goût de poisson.

Mais la cuisine du gibier a encore de beaux jours devant elle. On aime par exemple envelopper des petits oiseaux de feuilles de vigne pour les faire rôtir une fois bardés : ils sont ensuite placés sur des croûtons de pain tartinés de pâté de foie aux fines herbes et au cognac. S'ils sont plus âgés, ils sont mijotés en cocotte avec du vin et servis dans une sauce à la crème relevée de raifort. Les pâtés de gibier sont eux aussi très appréciés. Le pâté d'écureuil a disparu, mais il reste le marcassin, le chevreuil, le lièvre, les bécasses, gélinottes, coqs de bruyère et perdrix.

*En Alsace, la volaille reine est l'oie rôtie de la Saint-Martin.*

LA TABLE ALSACIENNE

LE FAISAN À L'ALSACIENNE

## Le faisan à l'alsacienne

Dans la cuisine alsacienne, le faisan se fait soit rôtir et accompagner de champignons en sauce à la crème, soit mijoter avec de la choucroute après avoir doré à la graisse. Le choix de la recette dépend de l'âge de l'oiseau.

**PRÉPARATION :** 20 minutes

**CUISSON :** 1 heure 30

**Pour 4 personnes**

- **1** *belle poule faisane*
- **800 g** *de choucroute crue*
- **100 g** *de graisse d'oie*
- **1** *oignon*
- *laurier*
- *clous de girofle*
- *baies de genièvre*
- **200 g** *de lard de poitrine fumé*
- **1** *saucisse à cuire fumée*
- **25 cl** *de sylvaner*
- **12 cl** *de bouillon de volaille*
- *sel et poivre*

**1.** Lavez la choucroute à l'eau froide et essorez-la soigneusement. Faites fondre la moitié de la graisse d'oie dans une cocotte et ajoutez la moitié de la choucroute en l'effilochant. Ajoutez l'oignon pelé et haché, 1 demi-feuille de laurier, 2 clous de girofle et 10 baies de genièvre. Ajoutez également le lard et la saucisse, puis recouvrez-les avec le reste de la choucroute.

**2.** Versez le vin et le bouillon, couvrez et laissez cuire doucement pendant 30 minutes environ. Pendant ce temps, préparez et bridez la poule faisane, puis faites-la dorer pendant une dizaine de minutes dans le reste de graisse d'oie en la retournant plusieurs fois.

**3.** Mettez-la ensuite dans la cocotte en l'enfouissant légèrement dans la choucroute et poursuivez la cuisson 30 minutes environ. Salez et poivrez, puis retirez la choucroute et étalez-la sur un plat chaud. Découpez le gibier, le lard et la saucisse, disposez-les sur la choucroute et servez très chaud.

La poule faisane possède évidemment un plumage moins beau que le faisan, mais sa chair est nettement plus fine.

BOISSON CONSEILLÉE
**BIÈRE BLONDE**

# Le civet de lièvre

Ce ragoût de gibier, classique parmi les recettes de chasse, est toujours lié en fin de cuisson avec le sang de l'animal (parfois remplacé par du sang de porc).

**PRÉPARATION :** 25 minutes
**MARINADE :** 12 heures
**CUISSON :** 2 heures 15

Pour **6** personnes

- **1** *lièvre avec son foie et son sang*
- *vinaigre, huile*
- **1** *carotte*
- **2** *oignons*
- **2** *clous de girofle*
- **2** *gousses d'ail*
- *bouquet garni, poivre concassé*
- **1** *bouteille de vin rouge*
- *farine, saindoux*
- **150 g** *de lardons fumés*
- **10 cl** *de crème fraîche*
- *sel et poivre au moulin*

**1.** Versez le sang dans un bol, ajoutez 1 cuillerée à soupe de vinaigre et réservez-le au frais, ainsi que le foie. Coupez le lièvre en morceaux et mettez-les dans une terrine. Arrosez-les de 2 cuillerées à soupe d'huile.

**2.** Pelez et tronçonnez la carotte, pelez les oignons, émincez-en un et piquez l'autre de 2 clous de girofle, pelez et hachez les gousses d'ail. Ajoutez ces légumes et aromates aux morceaux de lièvre, ainsi que le bouquet garni et quelques pincées de poivre concassé. Versez le vin, mélangez et laissez mariner au frais pendant la nuit.

**3.** Le lendemain, égouttez et épongez les morceaux de lièvre. Farinez-les légèrement sur les deux faces. Versez la marinade passée dans une casserole et faites-la bouillir 10 minutes pour la faire réduire. Faites chauffer 30 g de saindoux dans une cocotte et faites rissoler les lardons. Ensuite, ajoutez les morceaux de lièvre et faites-les dorer doucement.

**4.** Versez la marinade réduite et baissez le feu. Couvrez et laissez mijoter doucement pendant 2 bonnes heures. Versez le sang et la crème fraîche dans un grand bol, ajoutez le foie coupé en morceaux et mixez le tout. Égouttez les morceaux de lièvre et mettez-les dans un plat creux. Versez le contenu du bol dans la cocotte et faites cuire cette liaison 6 minutes environ en remuant sans cesse et en évitant toute ébullition. Rectifiez l'assaisonnement, puis versez cette sauce très onctueuse sur les morceaux de lièvre. Servez aussitôt.

La garniture classique est constituée par des nouilles fraîches ou des spaetzle, comme avec tous les plats en sauce, surtout les daubes et civets.

BOISSON CONSEILLÉE : **PINOT GRIS**

LE CIVET DE LIÈVRE

LE COQ AU RIESLING

## Le coq au riesling

Variante du coq au vin, tout simplement par adaptation au cépage local, ce plat de volaille s'accompagne rituellement de pâtes fraîches.

**PRÉPARATION :** 15 minutes
**CUISSON :** 1 heure 45

**Pour 6 personnes**

- **1** *gros poulet ou une poule à défaut d'un coq*
- **2** *carottes*
- **4** *échalotes*
- **1** *oignon*
- **2** *cuillerées à soupe de saindoux*
- *farine*
- **10 cl** *de bouillon de volaille*
- **10 cl** *de riesling*
- *noix muscade, bouquet garni*
- **10 cl** *de crème fraîche*
- **1** *jaune d'œuf*
- **1** *demi-citron, sel et poivre*

**1.** Coupez la volaille en morceaux. Passez les pattes à la flamme. Salez et poivrez les morceaux. Pelez et émincez les carottes. Pelez et ciselez les échalotes et l'oignon. Faites chauffer le saindoux dans une cocotte. Mettez-y les morceaux de volaille et faites-les revenir en les retournant sur feu assez vif. Retirez-les et mettez à la place les carottes, les échalotes et l'oignon.

**2.** Baissez le feu et laissez blondir en remuant pendant une dizaine de minutes, puis remettez les morceaux de volaille et poudrez légèrement de farine. Remuez, puis mouillez avec le bouillon et le vin blanc. Salez et poivrez, muscadez et ajoutez le bouquet garni.

**3.** Faites cuire doucement à couvert pendant 1 heure 30 environ (plus ou moins longtemps selon l'âge de la volaille). Retirez les morceaux de volaille et mettez-les dans un plat creux bien chaud. Retirez la cocotte du feu et ajoutez-y la crème fraîche, mélangez en ajoutant le jaune d'œuf, puis le jus de citron. Rectifiez l'assaisonnement et versez cette sauce onctueuse sur les morceaux de volaille. Servez aussitôt.

BOISSON CONSEILLÉE : **RIESLING**

## Le chevreuil aux poires

Le cuissot ou la gigue de chevreuil constitue une belle pièce à rôtir pour 8 personnes. Faites-la de préférence dénerver et piquer de lard par le boucher.

**PRÉPARATION :** 15 minutes
**REPOS :** 12 heures
**CUISSON :** 40 minutes

**Pour 8 personnes**

- **1** *cuissot de chevreuil*
- *huile, vin blanc*
- **150 g** *de rondelles de poires séchées*
- **8** *poires à cuire*
- *beurre, cannelle en poudre*
- *thym et laurier, sel et poivre*

**1.** Badigeonnez le cuissot d'huile et posez-le dans un plat creux avec un peu de thym et 2 feuilles de laurier, arrosez-le avec 25 cl de vin blanc. Laissez reposer toute la nuit au frais. Dans le même temps, faites tremper les rondelles de poires séchées dans de l'eau tiède.

**2.** Sciez l'os du cuissot pour pouvoir y adapter ensuite un manche à gigot pour le découpage. Posez la pièce de viande dans un plat à four beurré et enfournez à 240 °C. Faites saisir 10 minutes puis diminuez la chaleur et poursuivez la cuisson 30 minutes environ en arrosant souvent le cuissot avec le vin blanc de la marinade. 15 minutes avant la fin de la cuisson, ajoutez les poires séchées.

**3.** Pendant ce temps, pelez les poires et coupez-les en deux, retirez le cœur et les pépins. Faites-les cuire dans une poêle avec du beurre chaud. Poudrez-les légèrement de cannelle, salez et poivrez.

**4.** Mettez le cuissot dans un plat et laissez reposer 10 minutes avant de le trancher. Déglacez le plat de cuisson avec 10 cl de vin blanc, après avoir égoutté les rondelles de poires. Servez le cuissot tranché, avec en garniture les demi-poires poêlées, les rondelles de poires et le jus de cuisson à part.

BOISSON CONSEILLÉE : **PINOT NOIR**

LE CHEVREUIL AUX POIRES

Gewurztraminer

# Le lapin au pinot rouge

Voici une recette facile qui parfume d'une manière savoureuse la viande du lapin, parfois un peu fade.

**PRÉPARATION :** 15 minutes
**CUISSON :** 1 heure

**Pour 6 personnes**

- **1** *lapin de 1,8 kg environ*
- *huile*
- **4** *échalotes*
- **2** *oignons*
- **100 g** *de beurre*
- **20 cl** *de pinot rouge*
- **20 cl** *de bouillon de volaille*
- **1** *bouquet de persil plat*
- *sel et poivre*

**1.** Coupez le lapin en morceaux, salez-les et poivrez-les. Faites chauffer 2 cuillerées à soupe d'huile dans une cocotte en fonte et mettez-y les morceaux de lapin. Faites-les dorer en les retournant jusqu'à ce qu'ils soient bien rissolés, mais ne les laissez pas brûler. Égouttez-les et jetez l'huile de cuisson.

**2.** Pelez et hachez les échalotes et les oignons. Remettez la cocotte sur le feu et ajoutez 80 g de beurre. Quand il commence à mousser, ajoutez les oignons et 2 échalotes. Laissez-les fondre puis remettez les morceaux de lapin. Couvrez et laissez cuire sur feu doux pendant 45 minutes.

**3.** Pendant ce temps, faites suer les 2 échalotes restantes dans le reste de beurre. Mouillez avec le vin et laissez réduire, puis ajoutez le bouillon et faites réduire à nouveau jusqu'à consistance onctueuse. Vous pouvez lier avec un peu de beurre frais. Lavez et ciselez le persil plat.

**4.** Nappez les morceaux de lapin de sauce et parsemez de persil. Si vous avez des girolles, servez-les en garniture, avec des spaetzle par exemple.

BOISSON CONSEILLÉE : **PINOT NOIR**

LE LAPIN AU PINOT ROUGE

**LIRE : UN MOMENT D'HISTOIRE**

Émile Erckmann et Alexandre Chatrian sont deux écrivains de la seconde moitié du XIXe siècle, tous deux alsaciens, qui ont écrit, sous le nom de plume d'Erckmann-Chatrian, nombre de contes et de romans qui constituent une sorte d'épopée populaire de la vieille Alsace : *l'Ami Fritz*, *les Rantzan*, etc. Le texte suivant est extrait de *la Taverne du Jambon de Mayence.*

"Mais ce que le père Johannes admira plus que tout le reste, ce fut la magnifique ordonnance du festin : les trois sangliers dans de larges bassins d'argent, une touffe de fenouil au groin; les chevreuils, les coqs de bruyère, les paons ornés de leur queue en éventail, les gélinottes, les faisans, les vases de fleurs, les pyramides de fruits, les immenses soupières au large ventre fleuronné, envoyant au ciel leur fumée odorante comme un pur encens, les buissons d'écrevisses, les hautes croquantes; tout cela, confusément d'abord, avec les mille éclairs de la vaisselle d'argent, que le riche Sebaldus avait tirée pour la première fois de ses armoires, tout cela frappa, éblouit, transporta le capucin, qui se prit à renifler, à écarquiller les yeux et à se lever sur la pointe des pieds pour voir de plus loin. Les grands hanaps ciselés et les hautes aiguières à cou de cygne, pleines d'un vin rouge écumeux, n'étaient pas ce qui flattait le moins ses regards, et tout nous porte à croire que le digne capucin dut se féliciter d'avoir quitté son ermitage le matin et pris congé définitif de ses pommes de terre cuites sous la cendre. (...) Lorsqu'ils furent arrivés à leurs places, tous les autres convives, debout derrière leur chaise, s'assirent, et Maître Sebaldus resta seul debout à l'extrémité de la table du milieu. Mille cris d'enthousiasme s'élevèrent jusqu'aux nuages. Et Maître Sebaldus s'étant assis en face du capucin, on plongea les grandes cuillers dans les bonnes soupes aux écrevisses."

# Le lièvre à la crème

Ce gibier possède une chair "noire", et non pas blanche comme celle du lapin. Cette recette demande des râbles de jeunes lièvres (levrauts).

**PRÉPARATION :** 15 minutes
**CUISSON :** 45 minutes

**Pour 4 personnes**

- **2** *râbles de levraut de 500 g chacun*
- **100 g** *de lard gras*
- *huile de tournesol, cognac*
- **10 cl** *de crème fraîche*
- *poivre de Cayenne*
- **2** *cuillerées à soupe de jus de citron*
- *sel et poivre au moulin*

**1.** Taillez le lard gras (préalablement mis au réfrigérateur pour qu'il soit bien froid) en petits bâtonnets. Avec un petit couteau pointu, entaillez les râbles à intervalles réguliers et glissez-y les bâtonnets de lard. Salez et poivrez les râbles. Huilez-les, ainsi que le plat à rôtir.

**2.** Posez les râbles dans le plat et faites-les cuire dans le four à 220 °C pendant 40 minutes, en les arrosant deux ou trois fois avec un peu d'eau bouillante. Sortez-les du four et mettez-les sur un plat très chaud, puis remettez-les dans le four éteint.

**3.** Dégraissez le plat de cuisson et versez-y 2 cuillerées à soupe de cognac, puis grattez les sucs avec une spatule en versant la crème fraîche. Salez et poivrez, ajoutez 2 pincées de poivre de Cayenne et faites épaissir en remuant sur feu moyen pendant 5 minutes. Ajoutez le jus de citron et rectifiez l'assaisonnement. Sortez le plat des râbles du four et arrosez-le de sauce à la crème, poivrez encore une fois au moulin et servez.

Comme garniture, proposez des pommes fruits sautées ou des spaetzle.

BOISSON CONSEILLÉE : **RIESLING**

LE LIÈVRE À LA CRÈME

LA SALADE DE VOLAILLE À LA CHOUCROUTE

**CONNAÎTRE : LES HANNONG**

Une trentaine d'années auront suffi aux Hannong, une famille de céramistes établis à Strasbourg au début du XVIIIe siècle, pour faire de cette ville l'un des grands foyers de la faïencerie française, dont les productions figurent aujourd'hui parmi les plus recherchées. Des conditions très favorables étaient réunies : des gisements de terre argileuse, la proximité de grandes forêts et l'abondance d'eau, mais aussi la présence d'une clientèle bourgeoise friande de céramiques de luxe. Après une première période de faïences fines et de porcelaines tendres à décor en bleu et blanc, dès 1751, cette prestigieuse manufacture alsacienne réussit à produire la première porcelaine dure française.
Mais la manufacture de Sèvres, estimant son monopole attaqué, mit dès lors tout en œuvre pour évincer les Hannong, ce qui fut fait vers 1780. Les magnifiques services ornés de bouquets de roses, de pivoines, de jacinthes ou de tulipes, que l'on retrouve aussi sur des vases ou des cartels de pendules, comptent parmi les plus beaux. Mais les Hannong ont eu aussi une spécialité plus originale : des pièces en trompe-l'œil aux décors polychromes extraordinaires, notamment des terrines en forme d'animaux, dindon, lièvre, coq, etc. Quant aux statuettes en faïence représentant bergers et chasseurs, sangliers, chiens et faisans, musiciens ou personnages de comédie, elles sont d'une qualité très prisée par les collectionneurs.

## La salade de volaille à la choucroute

Légère et relevée, cette salade permet d'utiliser la choucroute "nouvelle" quand elle est bien croquante.

**PRÉPARATION :** 10 minutes
**CUISSON :** 5 minutes

**Pour 4 personnes**

- **4** *blancs de volaille*
- **250 g** *de choucroute crue*
- **1** *pomme*
- **1** *citron*
- **1** *betterave cuite*
- *beurre*
- *huile*
- *cumin en grains*
- *cerfeuil ou ciboulette*
- *sel et poivre*

**1.** Découpez les blancs de volaille en languettes ou en dés. Lavez la choucroute à l'eau froide, égouttez-la et essorez-la à fond. Pelez la pomme, coupez-la en quartiers, retirez le cœur et les pépins. Retaillez les quartiers en lamelles et citronnez-les. Pelez la betterave et coupez-la en petits dés.

**2.** Faites chauffer un peu de beurre et d'huile dans une poêle, ajoutez les languettes de blancs de volaille et faites-les dorer rapidement en les retournant. Ajoutez quelques pincées de cumin, salez et mélangez, retirez du feu.

**3.** Nettoyez la poêle, remettez-la sur le feu avec un peu de beurre frais, ajoutez la choucroute et faites-la revenir rapidement en la remuant. Égouttez-la et répartissez-la sur les assiettes de service. Ajoutez les languettes de blancs de volaille, puis, en garniture, les lamelles de pomme et les dés de betterave. Parsemez de fines herbes ciselées et poivrez. Servez aussitôt.

BOISSON CONSEILLÉE
**BIÈRE BLONDE**

## Le poulet aux écrevisses

**PRÉPARATION :** 40 minutes
**CUISSON :** 50 minutes

**Pour 4 personnes**

- **1** *poulet vidé et bridé*
- **1** *carotte*
- **1** *poireau*
- **1** *oignon*
- **1** *branche de céleri*
- **125 g** *de beurre*
- **1** *bouquet garni*
- **18** *écrevisses*
- **2** *échalotes*
- **20 cl** *de riesling*
- **20 cl** *de crème fraîche*
- **2** *jaunes d'œufs, sel et poivre*

**1.** Parez, pelez et émincez finement la carotte, le poireau, l'oignon et le céleri. Faites-les revenir dans un peu de beurre, ajoutez 50 cl d'eau, le bouquet garni, salez et poivrez. Portez à ébullition, ajoutez les écrevisses, faites-les cuire une dizaine de minutes et retirez du feu.

**2.** Une fois refroidies, décortiquez les écrevisses, mettez les queues de côté et pilez les carapaces avec un pilon. Faites fondre 50 g de beurre dans une cocotte, mettez-y le poulet et faites-le colorer en le retournant plusieurs fois. Pelez et émincez les échalotes, ajoutez-les, faites-les suer doucement, puis arrosez de riesling. Ajoutez ensuite les carapaces d'écrevisse pilées, couvrez et laissez cuire doucement 30 minutes environ.

**3.** Retirez le poulet cuit de la cocotte et découpez-le en morceaux. Tenez-les au chaud. Faites chauffer les queues d'écrevisse décortiquées dans un peu de beurre, puis ajoutez-les aux morceaux de poulet. Passez toute la cuisson dans une passoire fine et versez le liquide dans une casserole. Ajoutez la crème fraîche et portez à la limite de l'ébullition. Retirez du feu et liez avec les jaunes d'œufs. Salez et poivrez. Incorporez encore un peu de beurre frais en fouettant vivement et versez cette sauce sur les morceaux de poulet aux écrevisses. Servez aussitôt.

BOISSON CONSEILLÉE : **RIESLING**

LE POULET AUX ÉCREVISSES

L'OIE À LA STRASBOURGEOISE

## L'oie à la strasbourgeoise

Pendant de nombreux siècles, l'oie fut la volaille la plus estimée. Dans les pays du Nord et de l'Est, c'est un plat de fête rituel, comme en Alsace lors de la Saint-Martin.

**PRÉPARATION :** 30 minutes

**CUISSON :** 2 heures

**Pour 8 personnes**

- **1** *oie prête à rôtir de 3 kg*
- **1,5 kg** *de choucroute crue*
- **2** *oignons*
- *graisse d'oie, baies de genièvre*
- **1** *bouteille de vin blanc*
- **100 g** *de foies de volaille*
- **200 g** *de chair à saucisse fine*
- **1** *bouquet de persil*
- *quatre-épices*
- **8** *saucisses de Strasbourg*
- **250 g** *de lard maigre*
- *sel et poivre*

**1.** Rincez et essorez la choucroute. Pelez et hachez les oignons. Faites fondre 2 cuillerées à soupe de graisse d'oie dans une cocotte, ajoutez 1 oignon haché, remuez, puis versez la choucroute et mélangez. Ajoutez quelques baies de genièvre et arrosez de vin blanc. Couvrez et laissez braiser doucement pendant 2 heures; posez le lard dessus 45 minutes avant la fin de la cuisson.

**2.** Préparez la farce de l'oie. Hachez les foies de volaille, mélangez-les avec le deuxième oignon et la chair à saucisse. Salez, poivrez, ajoutez le persil haché et quelques pincées de quatre-épices. Bourrez l'oie de cette farce, sans trop tasser car la farce gonfle à la cuisson. Bridez-la et faites-la rôtir au four (ou, mieux, à la broche) en l'arrosant souvent. Il faut compter de 1 heure 45 à 2 heures.

**3.** Prélevez un peu de la graisse de cuisson de l'oie et mélangez-la à la choucroute pour la parfumer. Par ailleurs, faites pocher les saucisses de Strasbourg à l'eau bouillante.

**4.** Égouttez la choucroute et étalez-la dans un plat de service long, bien chaud. Posez l'oie au milieu. Découpez le lard et disposez les morceaux autour de l'oie, intercalés avec les saucisses pochées. Servez bien chaud.

BOISSON CONSEILLÉE : **RIESLING**

LES ŒUFS AU PLAT AU FOIE GRAS

## Les œufs au plat au foie gras

Très simple et rapide, cette recette raffinée fait une entrée appréciée pour un dîner gastronomique. Mais elle se cuisine au dernier moment et se sert aussitôt cuite.

**PRÉPARATION :** 5 minutes
**CUISSON :** de 4 à 5 minutes

**Pour 4 personnes**

- **8** *œufs*
- **80 g** *de beurre*
- **200 g** *de foie gras d'oie*
- **10 cl** *de gewürztraminer*
- *sel et poivre blanc au moulin*

**1.** Répartissez le beurre dans quatre petits plats à œufs en porcelaine à feu. Coupez le foie gras en menus morceaux et ajoutez-les dans les petits plats. Faites chauffer doucement 1 minute. Arrosez de gewürztraminer.

**2.** Cassez 2 œufs dans chaque plat en les faisant glisser sur les morceaux de foie gras. Enfournez à 200 °C et laissez cuire 3 minutes environ. Sortez les plats du four, salez et poivrez. Servez immédiatement.

BOISSON CONSEILLÉE
**PINOT GRIS**

## Les cuisses d'oie à la choucroute

Ces deux ingrédients caractéristiques de la cuisine alsacienne permettent de confectionner un plantureux plat d'hiver.

**PRÉPARATION :** 20 minutes
**CUISSON :** 1 heure

**Pour 4 personnes**

- **2** *cuisses d'oie*
- **1** *cuillerée à soupe de graisse d'oie*
- **1** *gros oignon*
- **150 g** *de lard de poitrine fumé*
- **800 g** *de choucroute cuite*
- *baies de genièvre*
- *bouillon de volaille*
- **8** *fines tranches de filet d'oie fumé*
- *sel et poivre*

**1.** Cousez les cuisses d'oie dans leur peau et piquez celle-ci en plusieurs endroits pour qu'elle n'éclate pas à la cuisson. Salez et poivrez. Enduisez-les légèrement de graisse d'oie et posez-les sur la lèchefrite du four. Faites-les rôtir dans le four à chaleur moyenne en les retournant plusieurs fois pendant 1 petite heure.

**2.** Pelez et hachez l'oignon. Taillez le lard en tranches. Mélangez la choucroute avec l'oignon, le lard et une douzaine de baies de genièvre. Mettez le tout dans une cocotte et arrosez d'un peu de bouillon. Faites chauffer doucement pendant une vingtaine de minutes.

**3.** Lorsque la choucroute est bien chaude et prête à servir, disposez-la dans un plat chaud. Découpez les cuisses d'oie et posez-les dessus, entourez de tranches de filet d'oie, salez et poivrez.

BOISSON CONSEILLÉE
**EDELZWICKER**

LES CUISSES D'OIE À LA CHOUCROUTE

LES ESCALOPES DE FOIE GRAS AUX POMMES

## Les escalopes de foie gras aux pommes

En Alsace, c'est surtout le foie d'oie qui est privilégié. Les petits sont en général plus moelleux et plus onctueux que les gros.

**PRÉPARATION :** 20 minutes
**REPOS :** 2 heures
**CUISSON :** 15 minutes

**Pour 4 personnes**

- **1** *foie gras d'oie cru de 500 g*
- **15 cl** *de gewürztraminer*
- **4** *pommes reinettes*
- **50 g** *de beurre*
- *farine, graisse d'oie*
- *sel et poivre*

**1.** Découpez le foie gras en tranches assez épaisses et régulières. Salez-les et poivrez-les. Mettez-les dans une terrine et arrosez-les avec 2 cuillerées à soupe de gewürztraminer. Laissez mariner au frais pendant 2 heures.

**2.** Pendant ce temps, pelez les pommes, retirez le cœur et les pépins. Coupez-les en quartiers, puis chaque quartier en deux. Faites chauffer le beurre dans une poêle et faites cuire doucement les tranches de pomme en les retournant jusqu'à ce qu'elles soient bien dorées, mais encore un peu croquantes. Retirez du feu.

**3.** Égouttez les tranches de foie et épongez-les. Farinez-les très légèrement. Faites chauffer 1 cuillerée à soupe de graisse d'oie dans une poêle et posez-y les tranches de foie quand elle est très chaude. Réglez sur feu modéré et faites cuire les tranches de foie pendant 2 minutes de chaque côté au maximum.

**4.** Mettez-les sur un plat de service chaud, entourées de pommes. Versez le vin blanc dans la poêle et faites réduire fortement en grattant les sucs avec une cuiller en bois. Rectifiez l'assaisonnement et arrosez le plat de cette sauce. Servez aussitôt.

BOISSON CONSEILLÉE : **TOKAY**

## Le poulet à la vigneronne

Le poulet sauté s'accommode toujours très bien d'une saveur un peu aigrelette que fournit le mélange de vinaigre et de vin blanc.

**PRÉPARATION :** 15 minutes
**CUISSON :** 1 heure 10

**Pour 4 personnes**

- **1** *poulet coupé en morceaux*
- **100 g** *de beurre*
- **4** *échalotes*
- **3** *gousses d'ail*
- **10 cl** *de vinaigre de vin blanc*
- **10 cl** *de vin blanc*
- **10 cl** *de bouillon de volaille*
- *ciboulette*
- *sel et poivre*

**1.** Salez et poivrez les morceaux de poulet. Faites chauffer 50 g de beurre dans une poêle, posez-y les morceaux de poulet et faites-les dorer en les retournant souvent. Lorsqu'ils ont pris une belle couleur, égouttez-les et mettez-les dans une cocotte.

**2.** Pelez et hachez très finement les échalotes et les gousses d'ail. Remettez la poêle sur le feu avec 30 g de beurre et ajoutez l'ail et les échalotes. Faites-les fondre en remuant, puis versez le vinaigre et le vin blanc, déglacez en grattant avec une spatule en bois et laissez réduire, puis ajoutez le bouillon. Mélangez, puis versez le contenu de la poêle sur les morceaux de poulet.

**3.** Couvrez et faites mijoter tranquillement pendant 30 minutes. Au terme de la cuisson, égouttez les morceaux de poulet et mettez-les dans un plat creux très chaud. Ciselez la ciboulette. Incorporez le reste de beurre en parcelles en fouettant dans le fond de cuisson et rectifiez l'assaisonnement. Nappez les morceaux de poulet de cette sauce et ajoutez la ciboulette. Servez aussitôt.

Vous pouvez servir ce poulet avec une bonne salade verte à l'échalote et des pommes de terre rissolées.

BOISSON CONSEILLÉE : **RIESLING**

LES CAILLES AUX RAISINS

LE POULET À LA VIGNERONNE

## Les cailles aux raisins

Facile et relativement rapide, cette recette d'automne est parfaite pour un dîner entre amis.

**PRÉPARATION :** 20 minutes

**CUISSON :** 25 minutes

Pour **4** personnes

- **4** *cailles vidées prêtes à cuire*
- *farine*
- **60 g** *de beurre*
- **15 cl** *de vin blanc*
- *jus de citron*
- **30** *gros grains de raisin*
- **50 g** *d'amandes effilées*
- *sel et poivre*

**1.** Salez et poivrez les cailles à l'intérieur. Bridez-les et farinez-les très légèrement. Faites chauffer le beurre dans une grande sauteuse, posez-y les cailles et faites-les dorer sans hâte en les retournant plusieurs fois.

**2.** Quand elles sont bien colorées, versez le vin blanc dans la sauteuse, ajoutez 1 ou 2 cuillerées à soupe de jus de citron et baissez le feu. Couvrez et laissez mijoter doucement pendant 15 minutes.

**3.** Pendant ce temps, pelez et épépinez les grains de raisin après les avoir lavés et essuyés. Cette opération un peu fastidieuse est néanmoins indispensable pour la délicatesse de la recette : servez-vous d'une grosse épingle. Ajoutez-les aux cailles, ainsi que les amandes. Mélangez délicatement et couvrez à nouveau. Poursuivez la cuisson pendant une dizaine de minutes. Servez très chaud en garnissant éventuellement les assiettes de bouquets de cresson.

BOISSON CONSEILLÉE
**PINOT GRIS**

LE POT-AU-FEU DE LAPIN

## Le pot-au-feu de lapin

Variante originale des bouillis traditionnels, ce pot-au-feu de lapin permet de réunir des aromates et des condiments bien relevés.

**PRÉPARATION :** 20 minutes

**CUISSON :** 1 heure 15

**Pour 6 personnes**

- 1 *beau lapin vidé*
- 3 *gros oignons*
- *clous de girofle*
- 2 *branches de céleri*
- 3 *navets*
- 3 *carottes*
- 4 *poireaux*
- *bouquet garni*
- *laurier*
- 6 *pommes de terre*
- 3 *betteraves cuites (avec huile, vinaigre, ciboulette ou échalotes)*
- *sauce au raifort chaude*
- *cornichons*
- *oignons au vinaigre*
- *ciboulette*
- *persil*
- *gros sel et poivre au moulin*

**1.** Pelez les oignons, hachez-en un. Salez et poivrez l'intérieur du lapin et ajoutez-y l'oignon haché, recousez et ficelez le lapin. Préparez les légumes du pot (2 oignons pelés, dont 1 piqué de 2 clous de girofle; branches de céleri, navets et carottes pelés, poireaux parés). Réunissez tous ces ingrédients avec le lapin dans une grande marmite et couvrez d'eau à hauteur; ajoutez le bouquet garni et 1 feuille de laurier. Réglez sur feu moyen.

**2.** Portez lentement à ébullition, écumez, puis faites en sorte d'obtenir des frémissements réguliers. Couvrez et laissez mijoter tranquillement pendant 1 heure 15 environ. Pendant ce temps, faites cuire les pommes de terre à l'eau ou à la vapeur. Préparez une salade de betteraves à l'huile et au vinaigre, avec à votre goût de la ciboulette ou des échalotes.

**3.** Égouttez le lapin et découpez-le. Servez-le avec les légumes du pot, les pommes de terre bouillies, la salade de betteraves et la sauce au raifort chaude. Complétez avec des cornichons, des oignons au vinaigre et un bon hachis de fines herbes.

BOISSON CONSEILLÉE
**BIÈRE BLONDE**

## Les noisettes de chevreuil

La chair du chevreuil, délicate surtout chez les bêtes jeunes, n'a pas besoin d'être marinée, et la cuisson doit la laisser rose à l'intérieur.

**PRÉPARATION :** 5 minutes
**CUISSON :** 15 minutes

**Pour 4 personnes**

- **8** *noisettes de chevreuil (prélevées sur le carré)*
- **1** *gros oignon*
- **100 g** *de beurre*
- **8** *baies de genièvre écrasées*
- **15 cl** *de pinot rouge*
- **15 cl** *de bouillon de bœuf*
- **15 cl** *de crème fraîche*
- *gelée de groseille*
- *sel et poivre noir au moulin*

**1.** Pelez et hachez finement l'oignon. Faites chauffer 75 g de beurre dans une poêle, puis ajoutez le genièvre, salez et poivrez largement. Lorsque ce mélange est bien chaud, posez les noisettes de chevreuil dans la poêle une par une et faites-les cuire pendant 5 minutes de chaque côté. Retirez-les et tenez-les au chaud.

**2.** Baissez le feu et ajoutez l'oignon haché dans la poêle, avec le reste de beurre. Faites chauffer en remuant pendant 2 minutes, puis versez le vin et le bouillon. Mélangez. Déglacez en grattant les sucs avec une spatule et faites réduire jusqu'à consistance épaisse.

**3.** Ajoutez la crème fraîche et liez sur feu doux en remuant. Servez les noisettes de chevreuil bien chaudes avec d'un côté la sauce à la crème, de l'autre 1 cuillerée à soupe de gelée de groseille froide. Donnez un tour de moulin à poivre et servez.

Le meilleur accompagnement à proposer est de la purée de céleri ou de marrons et des champignons sautés.

**BOISSON CONSEILLÉE : PINOT GRIS**

### UN PLAT DE CARÊME : LA LOUTRE BRAISÉE

Jadis, les règles du "maigre" pendant le Carême étaient en principe strictement respectées. Mais les gourmands avaient imaginé un certain nombre de stratagèmes pour tourner la difficulté et consommer de la viande, dont du "gras", en la faisant passer pour du poisson. Ce sont en effet les animaux vivant dans l'eau comme les poissons, c'est-à-dire la loutre ou le castor, mais aussi les gibiers d'eau (sarcelle et poule d'eau) qui firent les frais de l'opération. Dans son volume sur la *Cuisine rustique d'Alsace* (R. Morel, 1970), Huguette Couffignal donne ainsi une recette de loutre braisée : l'animal est coupé en morceaux, ceux-ci sont revenus avec oignons, persil, céleri et un filet de citron. On mouille d'un verre de vin rouge vieux et de bouillon. La cuisson se poursuit doucement. Pour la sauce, on passe le jus, on ajoute des câpres, sel et poivre ainsi que quelques sardines salées. Les morceaux sont nappés de cette sauce et l'on sert le tout avec des pommes de terre à l'eau.

LES NOISETTES DE CHEVREUIL

# Desserts ET Pâtisseries

Avant de parler du domaine des gâteaux, biscuits et entremets, il faut d'abord évoquer l'extraordinaire richesse de la boulangerie-pâtisserie alsacienne, au premier rang de laquelle trône incontestablement le kouglof. Cette haute couronne moulée en torsade possède des origines très anciennes puisqu'elle était déjà courante au XVIIIe siècle. Jusqu'à cette époque, on utilisait du levain pour faire gonfler la pâte briochée, mais c'est alors que l'on commença à utiliser en Alsace, comme on le faisait déjà en Autriche et en Pologne, de la levure de bière. Ce qui explique d'ailleurs le nom de cette spécialité, puisque *Kugel* veut dire "boule" et *Hopfen* "houblon".

### DE TOUTES FORMES ET POUR TOUS LES GOÛTS

Boules, tresses et couronnes, épis et autres miches ou petits pains, l'assortiment d'une boulangerie alsacienne défie l'imagination. Blancs ou bis, poudrés de sésame, de pavot, de cumin ou de grains de céréales, ces pains sont d'une richesse étonnante, avec parfois des formes spécifiques selon les occasions : étoile pour Noël, grappe de raisin pour les vendanges, écrevisse (symbole de fertilité et de bonheur) pour un mariage, etc. Depuis les lointains Romains, Allemands et Polonais, juifs, Français et Autrichiens ont laissé dans la boulangerie locale une empreinte hautement diversifiée.

L'un de ses produits les plus caractéristiques n'est autre que le bretzel, formé de boudins de pâte bruns et brillants, semés de grains de sel, qui se croisent à l'intérieur d'un cadre ovale, et devenu l'emblème de la corporation des boulangers. Fabriqué sur le principe de l'échaudé (d'abord poché, puis durci au four), le bretzel semble avoir des origines liées à un ancien culte solaire. Il n'est à proprement parler ni un pain ni un biscuit, mais plutôt un "éperon" à boire de la bière. Autre grande spécialité, le birewecka, un pain aux fruits que l'on prépare pour les fêtes de Noël et qui semble être plus particulièrement une spécialité de Kaysersberg. Jadis, il s'agissait plutôt d'une sorte de chausson aux fruits frais et secs.

L'imagination de la cuisine alsacienne en matière de tartes, de petits gâteaux,

*La saison des myrtilles commence à la mi-août.*

de biscuits, de crêpes ou de beignets est pratiquement inépuisable, fortement encouragée par la tradition des fêtes et les rites familiaux. Le strudel est d'inspiration autrichienne, parfumé aux pommes et à la cannelle, de même que le simple bettelman, mot qui signifie "mendiant" mais qui n'a rien à voir avec l'assortiment de fruits secs connu sous ce nom en France, car il s'agit en fait d'une variante de pain perdu, d'un "gâteau du pauvre" en quelque sorte. Les krapfen, que l'on retrouve en Allemagne, sont des beignets de pâte fourrés de confiture, tandis que le christolle de Noël est un pain aux fruits en forme de poupon. Les brioches de foire de la Saint-Jean, l'osterflaten de Pâques (flan aux œufs) et le pudding de la Saint-Martin sont d'autres exemples de cette pâtisserie calendaire.

### LES SAVEURS DES FRUITS

Les arbres fruitiers et les petits fruits sont une des richesses de l'Alsace, qui trouvent à s'illustrer dans un domaine privilégié : celui des eaux-de-vie et alcools blancs (mirabelle, framboise, quetsche, mais aussi gratte-cul, sorbe, coing ou même houx) ; en bénéficient aussi les tartes (aux myrtilles, aux prunes, à la rhubarbe), sans oublier les beignets de pommes, de fleurs de sureau ou d'acacia, et les innombrables petits pains farcis de fruits confits ou secs. Parmi les entremets les plus appréciés, il faut citer la traditionnelle soupe aux cerises, d'inspiration germanique, les omelettes soufflées et le soufflé au kirsch, ainsi que le sorbet au marc de gewürztraminer et la tarte au fromage blanc. Enfin, la liste ne serait pas complète sans les schenkele, beignets de carnaval du Sundgau, les anisbreedle (petits fours à l'anis délicieusement croquants et parfumés), les macarons et pains d'épice de Guebwiller et les lebkuchen, languettes de pain d'épice glacées au sucre.

Si l'Alsace semble montrer davantage de goût pour les pâtisseries que pour les bonbons et les chocolats, la confiserie n'y est pourtant pas oubliée. Mais les spécialités y sont moins nombreuses qu'ailleurs. Les pâtes de fruits sont naturellement réputées, notamment à Colmar, et Strasbourg a une spécialité de mirabelles confites parfumées au kirsch et fourrées de pâte de fruits. À Colmar encore, les myrtilles sont utilisées pour fourrer des bonbons de sucre cuit. Enfin le marzipan, ou pâte d'amandes, est très apprécié, comme dans toutes les régions de l'Est. Deux créations récentes viennent compléter la gamme : les tonnelets au marc de gewürztraminer de Wintzenheim, une création née au cœur du vignoble (des chocolats fourrés), et les tuiles d'Alsace biberschwanz (mot qui veut dire "queue de castor"), des chocolats en forme de tuiles plates nés à Haguenau.

*Floraison des arbres fruitiers dans le Sundgau.*

*Le kouglof s'apprécie au petit déjeuner avec le café ou en dessert avec le muscat.*

LA SOUPE AUX CERISES

## La soupe aux cerises

Fruit alsacien par excellence, la cerise ne sert pas qu'à la distillation du kirsch. Cette soupe est un exemple original de l'emploi du fruit en entremets sucré.

**PRÉPARATION :** 10 minutes

**CUISSON :** 15 minutes

**Pour 4 personnes**

**600 g** *de cerises juteuses bien mûres*
**50 g** *de beurre*
*farine*
**20 cl** *de vin rouge*
**20 cl** *de kirsch*
*sucre en poudre*
**4** *tranches de pain de mie*

**1.** Lavez, épongez et dénoyautez les cerises. Veillez à récupérer tout le jus qui peut couler lors de cette opération.

**2.** Faites fondre 25 g de beurre dans une casserole, puis ajoutez 1 bonne cuillerée à soupe de farine et mélangez en faisant cuire sur feu moyen pendant 2 minutes. Lorsque le roux est cuit, versez 75 cl d'eau tiède en fouettant, puis le vin rouge et le kirsch.

**3.** Mélangez sur le feu jusqu'à consistance bien homogène, puis ajoutez les cerises et 1 ou 2 cuillerées à soupe de sucre. Laissez chauffer quelques minutes sur feu doux en remuant de temps en temps.

**4.** Pendant ce temps, beurrez les tranches de pain de mie, puis faites-les dorer rapidement et découpez-les en petits carrés. Répartissez-les dans des assiettes creuses bien chaudes. Versez la soupe aux cerises sur les croûtons et servez aussitôt.

## Le kouglof aux amandes

**PRÉPARATION :** 30 minutes

**REPOS :** 3 heures

**CUISSON :** 45 minutes

**Pour 8 personnes**

**25 g** *de levure de boulanger*
**40 cl** *de lait*
**1 kg** *de farine*
**3** *œufs*
**15 g** *de sel*
**300 g** *de beurre*
**150 g** *de sucre en poudre*
**150 g** *de raisins de Malaga*
*kirsch*
**75 g** *d'amandes effilées*

**1.** Commencez par préparer le levain. Émiettez la levure dans un saladier et versez-y 20 cl de lait tiédi, puis ajoutez 500 g de farine. Mélangez jusqu'à obtention d'une pâte consistante. Laissez reposer : la pâte doit doubler de volume.

**2.** Cassez les œufs dans une jatte, ajoutez le sel et battez en omelette. Par ailleurs, versez le reste de la farine dans une terrine, ajoutez le reste de lait tiède et les œufs battus. Mélangez le tout avec une spatule, puis pétrissez la pâte obtenue en la soulevant plusieurs fois avec les mains.

**3.** Ramollissez 250 g de beurre avec une spatule, puis incorporez-le à la pâte, ainsi que le sucre et la boule de levain. Pétrissez à nouveau pendant quelques minutes, puis couvrez la terrine d'un linge humide et laissez reposer à température ambiante pendant 1 heure.

**4.** Pendant ce temps, mettez les raisins secs dans une tasse, ajoutez-y 1 petit verre de kirsch et laissez-les tremper. Lorsque la pâte a levé, tapotez-la plusieurs fois, puis rompez-la (prenez-la avec vos mains comme si vous vouliez la séparer), enfin incorporez les raisins avec le kirsch.

**5.** Enduisez un grand moule à kouglof avec le reste de beurre, puis garnissez-le d'amandes effilées en les répartissant sur les parois. Versez la pâte dans le moule et laissez-la reposer pendant encore 1 heure. Elle doit pratiquement remplir le moule en entier.

**6.** Mettez le moule dans le four à 180 °C et laissez cuire pendant 45 minutes. Si vous craignez qu'il ne colore un peu trop vite, couvrez-le d'une feuille de papier sulfurisé. Sortez-le du four quand il est cuit et laissez-le refroidir complètement avant de déguster.

Sachez qu'un kouglof légèrement rassis (cuit la veille) est toujours meilleur. Si vous le servez en dessert, accompagnez-le d'un vin blanc d'Alsace. Sinon, au petit déjeuner, il est excellent avec le café ou le thé, en tranches légèrement beurrées.

LE KOUGLOF AUX AMANDES

LA TARTE AU FROMAGE BLANC

# La tarte au fromage blanc

Cette pâtisserie influencée par les traditions gourmandes de l'Europe de l'Est peut être enrichie de fruits secs.

**PRÉPARATION :** 20 minutes

**CUISSON :** 30 minutes

**Pour 6 à 8 personnes**

- **500 g** *de fromage blanc bien ferme*
- **300 g** *de pâte brisée*
- **10 cl** *de crème fraîche*
- **200 g** *de sucre en poudre*
- **2** *cuillerées à soupe de farine*
- **2** *œufs*
- *kirsch*

**1.** Mettez le fromage blanc dans une passoire tapissée d'une mousseline et laissez-le s'égoutter au maximum. Pendant ce temps, abaissez la pâte sur le plan de travail légèrement fariné, puis garnissez-en une tourtière à bord assez haut. Piquez le fond avec une fourchette. Faites sécher ce fond de tarte dans le four à chaleur tiède.

**2.** Mélangez le fromage blanc bien égoutté, la crème fraîche, le sucre et la farine dans une terrine. Lorsque le mélange est homogène, incorporez les œufs battus en omelette, en ajoutant également 1 cuillerée à soupe de kirsch.

**3.** Versez cette préparation sur le fond de tarte et lissez le dessus avec une spatule. Faites cuire dans le four à 280 °C pendant 30 bonnes minutes. Sortez la tarte du four et laissez refroidir avant de servir.

Vous pouvez remplacer le kirsch par un alcool de fruit ou encore du rhum. Si vous enrichissez la garniture de raisins secs ou autres fruits séchés, faites-les gonfler dans cet alcool.

BOISSON CONSEILLÉE : **MUSCAT**

**CONNAÎTRE : LES FOIRES ET MARCHÉS**

L'Alsace est sans doute la région de France où le sens de la fête et de la tradition s'exprime avec le plus de bonheur et de diversité; On l'a souvent présentée comme une image de carte postale, fleurie de géraniums, aux vignes joliment quadrillées et semée de villages médiévaux où flotte l'arôme de la tarte à l'oignon : une réputation que cultive à plaisir la succession des fêtes et des foires au fil du calendrier, inspirée des motifs les plus éclectiques

Vers la fin avril : fête de l'escargot à Osenbach; le dernier week-end d'avril et au début mai : foire de printemps à Strasbourg; le 1er mai : fête du printemps à Molsheim; le deuxième dimanche de juin: fête du kouglof à Ribeauvillé; mi-juin : fête de la cerise à Westhoffen; le 21 juin : le marché au pain d'épice à Gertwiller; le dernier week-end de juin : fête de la tarte au fromage à Orbey; le premier dimanche de juillet : fête du fromage blanc et des traditions rurales à Sarrebourg; le dernier week-end de juillet : foire aux vins et fête folklorique de Ribeauvillé; le dernier dimanche de juillet : fête de la poitrine de veau farcie à Thann; en août : fête de la truite à Andlau; le premier dimanche d'août : fête de la myrtille à Dabo; 5 août : foire aux vins à Colmar ; le deuxième dimanche d'août : foire aux vins à Sélestat; mi-août : foire aux vins à Gertwiller; vers le 25 août : fête de la mirabelle à Darney; dernière semaine d'août : fête du houblon et semaine gastronomique à Haguenau; les trois premiers dimanches de septembre : journées de la choucroute à Colmar; le premier dimanche de septembre : fontaine de la bière à Mutzig; les trois premiers samedis de septembre : fête de la choucroute à Geispolsheim; le premier dimanche d'octobre : fête des vendanges à Barr; deuxième dimanche d'octobre : grande fête du raisin à Molsheim; troisième dimanche d'octobre : fête des vendanges à Obernai et Marlenheim; début octobre : fête de la tourte à Munster.

## Le bettelman

Le nom de ce dessert très couramment servi en famille signifie "mendiant". Il tient à la fois du pain perdu et du clafoutis et permet d'utiliser un reste de kouglof ou des petits pains au lait rassis.

**PRÉPARATION :** 15 minutes
**CUISSON :** 40 minutes

**Pour 6 personnes**

**300 g** *de cerises noires*
**150 g** *de pain brioché rassis*
**40 cl** *de lait*
**3** *œufs*
**100 g** *de sucre en poudre*
*kirsch, cannelle en poudre*
*sel fin et beurre*

**1.** Lavez les cerises, épongez-les et dénoyautez-les. Faites tremper le pain dans le lait chaud. Cassez les œufs et séparez les blancs des jaunes.

**2.** Mélangez le pain ramolli, les jaunes d'œufs et 75 g de sucre dans une terrine, ajoutez 1 ou 2 pincées de cannelle. Montez les blancs d'œufs en neige très ferme avec 1 pincée de sel, puis ajoutez-leur le reste de sucre. Incorporez-les ensuite à la pâte.

**3.** Lorsque la pâte est homogène, versez-en les deux tiers dans un plat à gratin bien beurré. Ajoutez-y les cerises, puis recouvrez-les avec le reste de pâte. Enfournez à 200 °C et laissez cuire 40 minutes. Lorsque le bettelman est bien doré, servez-le tiède ou refroidi.

Vous pouvez remplacer les cerises par des pommes pelées et épépinées, coupées en lamelles ou en morceaux.

LE BETTELMAN

## Les petits gâteaux à l'anis

Délicieusement parfumés et croquants, ces petits fours secs sont très faciles à réussir. Ils sont typiques de la pâtisserie alsacienne, aussi riche en gros gâteaux qu'en petits biscuits.

**PRÉPARATION :** 15 minutes
**REPOS :** 12 heures
**CUISSON :** 15 minutes

**Pour environ 30 biscuits**

- **3** *œufs entiers*
- **300 g** *de sucre en poudre*
- **20 g** *d'anis en grains*
- **250 g** *de farine*
- **50 g** *de beurre*

**1.** Cassez les œufs dans une terrine et ajoutez le sucre. Travaillez le mélange jusqu'à consistance onctueuse, couleur jaune pâle. On dit que la pâte "fait le ruban".

**2.** Ajoutez alors l'anis, puis incorporez la farine, de préférence tamisée, en la mélangeant petit à petit avec une spatule en évitant les grumeaux. Elle doit être assez consistante.

**3.** Beurrez une ou deux plaques en tôle, puis farinez-les. Prélevez la pâte par petites portions avec une petite cuiller et déposez celles-ci sur les tôles en aplatissant légèrement le dessus. Laissez sécher toute la nuit.

**4.** Le lendemain, réglez le four sur chaleur moyenne et enfournez. Faites cuire une bonne dizaine de minutes, mais en surveillant bien pour que les petits gâteaux restent bien plats et blancs, sans colorer. Retirez-les et faites-les refroidir sur une grille. Ils se conservent facilement pendant 1 semaine dans une boîte hermétique. Ils accompagnent très bien les salades de fruits au kirsch ou les sorbets.

LES PETITS GÂTEAUX À L'ANIS

## La tarte aux myrtilles

C'est à la fin de l'été que l'on peut ramasser en Alsace des kilos de myrtilles à la saveur acidulée, idéales pour préparer sorbets et gelées, mais aussi de délicieuses tartes juteuses et parfumées.

**PRÉPARATION :** 15 minutes
**REPOS :** 30 minutes
**CUISSON :** 35 minutes

**Pour 6 personnes**

- **200 g** *de farine*
- **100 g** *de beurre*
- **125 g** *de sucre en poudre*
- **3** *œufs*
- **2** *cuillerées à soupe de chapelure*
- **600 g** *de myrtilles fraîches*
- **10 cl** *de crème fraîche*
- *sucre glace, sel fin*

**1.** Versez la farine dans une terrine. Ramollissez le beurre, puis incorporez-le à la farine par petits morceaux. Malaxez la pâte, puis faites une fontaine et ajoutez 25 g de sucre, 1 jaune d'œuf, 1 pincée de sel et 2 cuillerées à soupe d'eau froide.

**2.** Pétrissez la pâte pendant 5 minutes, puis ramassez-la en boule et laissez-la reposer au frais pendant 30 minutes. Abaissez-la ensuite sur 5 mm d'épaisseur et garnissez-en une tourtière bien beurrée. Piquez le fond à la spatule et versez-y la chapelure en l'étalant régulièrement.

**3.** Répartissez les myrtilles sur la chapelure et faites cuire la tarte ainsi garnie pendant 20 minutes à 190 °C. Pendant ce temps, fouettez le reste de sucre en poudre, 2 œufs entiers et la crème fraîche dans un saladier. Sortez la tarte du four et versez délicatement la préparation précédente sur les myrtilles.

**4.** Remettez la tarte dans le four et poursuivez la cuisson pendant 15 minutes à 180 °C. Poudrez de sucre glace à la sortie du four et laissez tiédir avant de déguster.

LA TARTE AUX MYRTILLES

LA TARTE À LA RHUBARBE

## FÊTER : LA SAINT-NICOLAS

Tous les enfants du nord et surtout de l'est de la France attendent avec impatience la nuit du 5 au 6 décembre. "Saint Nicolas, mon patron, apporte-moi quelque chose de bon, plein mon bas et mes souliers, saint Nicolas, bien obligé !" Les enfants prévoyants ne se couchent pas sans avoir accroché devant la cheminée leurs bas remplis de foin, d'avoine et de pain pour donner à manger à l'âne de saint Nicolas. Bien disposé par cette délicate attention, saint Nicolas ne manquera pas de garnir les petits sabots. Parmi les friandises découvertes au matin, un pain d'épice saupoudré de sucre figure le saint lui-même sous les traits d'un seigneur coiffé d'une toque et monté sur un âne. Curieusement, il ne s'agit pas d'un évêque coiffé d'une mitre. Quelquefois, des petites verges de bouleau se trouvaient mêlées aux présents : rappel cuisant pour les petits garnements.

*Guide des fêtes et gâteaux,*
Éditions Bonneton.

# La tarte à la rhubarbe

Dans cette garniture moelleuse, l'acidité de la rhubarbe disparaît au profit d'une savoureuse composition.

**PRÉPARATION :** 25 minutes
**REPOS :** 6 heures
**CUISSON :** 35 minutes

**Pour 6 personnes**

**250 g** *de farine*
**125 g** *de beurre*
**150 g** *de sucre en poudre*
**400 g** *de côtes de rhubarbe*
**2** *grosses pommes à cuire*
**1** *grosse poire à cuire*
**3** *œufs*
**10 cl** *de crème fraîche épaisse*
*sel fin*

**1.** Versez la farine dans une terrine, ajoutez 125 g de beurre ramolli et amalgamez les deux ingrédients, puis incorporez 50 g de sucre. Ajoutez un peu d'eau froide pour lier, puis travaillez la pâte, ramassez-la en boule et laissez-la reposer 6 heures au moins à couvert.

**2.** Pendant ce temps, préparez la garniture. Retirez les fils des côtes de rhubarbe et hachez-les grossièrement. Mettez-les dans une terrine. Pelez les pommes et râpez-les grossièrement. Pelez la poire et coupez la pulpe en petits dés. Ajoutez ces fruits à la rhubarbe, ainsi que 80 g de sucre. Mélangez rapidement.

**3.** Cassez les œufs et séparez les blancs des jaunes. Incorporez 3 jaunes d'œufs et la crème fraîche au mélange de fruits.

**4.** Beurrez largement une tourtière en porcelaine à feu. Abaissez la pâte sur 5 mm d'épaisseur et garnissez-en la tourtière, puis piquez le fond à la fourchette. Versez la préparation à la rhubarbe sur le fond de tarte et faites cuire 25 minutes environ dans le four à 190 °C.

**5.** Fouettez 2 blancs d'œufs en neige très ferme et ajoutez-leur le reste de sucre. Sortez la tarte du four et étalez cette préparation à la surface. Lissez rapidement le dessus et remettez la tarte dans le four. Faites dorer la meringue pendant une petite dizaine de minutes. Servez tiède.

Vous pouvez incorporer à la garniture le troisième blanc d'œuf battu en neige ferme et ajouter une pointe de vanille.

## Les pommes en streusel

Le streusel est une sorte de pâte friable dont on recouvre des desserts aux fruits, à la manière du crumble anglais.

**PRÉPARATION :** 20 minutes
**CUISSON :** 30 minutes

**Pour 6 personnes**

- **1 kg** *de pommes à cuire*
- **1** *citron*
- **12** *pruneaux*
- **100 g** *de sucre semoule*
- *cannelle en poudre*
- **150 g** *de beurre*
- **150 g** *de cassonade*
- **100 g** *de farine*
- **50 g** *de poudre d'amandes*

**1.** Pelez les pommes, retirez le cœur et les pépins, coupez-les en tranches et mettez-les dans une casserole. Ajoutez le jus du citron, ainsi que les pruneaux dénoyautés et grossièrement hachés. Faites cuire pendant 10 minutes sur feu modéré. Ajoutez le sucre et la cannelle, mélangez intimement et retirez du feu. Les fruits ne doivent pas être réduits en purée.

**2.** Beurrez un plat à gratin profond avec 40 g de beurre environ, puis versez-y la compote précédente. Par ailleurs, mélangez le reste de beurre en petites parcelles et la cassonade dans une jatte. Ajoutez la farine et la poudre d'amandes, puis mélangez rapidement le mélange jusqu'à consistance de grosse chapelure.

**3.** Versez cette préparation en une seule couche épaisse et régulière sur la compote. Faites cuire dans le four à 210 °C pendant une vingtaine de minutes. Servez tiède, mais pas refroidi, sinon la croûte du dessus est moins savoureuse.

Vous pouvez également enrichir la compote de zeste d'orange confit et de raisins secs.

LES POMMES EN STREUSEL

LA TARTE AUX QUETSCHES

## La tarte aux quetsches

C'est à l'époque où les quetsches sont bien sucrées et juteuses que cette tarte est une vraie réussite.

**PRÉPARATION :** 25 minutes

**CUISSON :** 30 minutes

**Pour 6 personnes**

- **1 kg** *de quetsches bien mûres*
- **4 ou 5** *petits macarons aux amandes*
- **250 g** *de pâte brisée*
- **100 g** *de sucre en poudre*
- **1** *cuillerée à soupe de sucre vanillé*

**1.** Lavez les quetsches, essuyez-les, puis coupez-les en deux pour retirer le noyau. Réservez-les. Par ailleurs, écrasez les macarons pour les réduire en poudre pas trop fine.

**2.** Abaissez la pâte au rouleau sur le plan de travail légèrement fariné, puis garnissez-en une tourtière. Le fond ne doit pas être trop fin. Étalez les macarons en poudre sur le fond de tarte en une couche régulière. Rangez les fruits dénoyautés sur le fond de tarte en rosace, en veillant à les poser la peau contre le fond. Mélangez le sucre nature et le sucre vanillé, puis poudrez les fruits de ce mélange.

**3.** Mettez la tarte dans le four à 230 °C et laissez-la cuire pendant 30 bonnes minutes. Servez la tarte tiède ou complètement refroidie.

À la place des macarons, vous pouvez utiliser d'autres biscuits secs, de préférence aux amandes, mais aussi à l'anis ou au gingembre.

BOISSON CONSEILLÉE
**GEWÜRZTRAMINER**

## L'ogei

Encore une pâtisserie richement farcie de fruits secs, traditionnelle pour la période des fêtes.

**PRÉPARATION :** 1 heure

**CUISSON :** 30 minutes

**À COMMENCER 24 HEURES À L'AVANCE**

**Pour 8 à 10 personnes**

**250 g** *de pruneaux dénoyautés*
**200 g** *de raisins secs*
**150 g** *d'amandes entières*
**125 g** *de sucre en poudre*
*cannelle en poudre, anis en grains*
*eau-de-vie de prune*
**450 g** *de farine*
**10 g** *de levure fraîche*
*lait*
**3** *jaunes d'œufs*
**100 g** *de beurre*
*sel fin*

**1.** Faites tremper les pruneaux et les raisins secs dans de l'eau très chaude pendant 30 minutes, puis égouttez-les. Coupez les pruneaux en petits morceaux dans une terrine, ajoutez les raisins secs, les amandes concassées et 2 cuillerées à soupe de sucre. Ajoutez également quelques pincées de cannelle et d'anis, ainsi que 5 cl d'eau-de-vie. Mélangez intimement et laissez reposer pendant toute la nuit.

**2.** Préparez la pâte. Versez la farine en tas et faites une fontaine au milieu. Délayez la levure dans un peu de lait, ajoutez 1 pincée de sel, puis versez le tout dans la fontaine ainsi que 2 jaunes d'œufs et 75 g de sucre. Travaillez intimement le mélange pendant plusieurs minutes, puis incorporez le beurre ramolli partagé en parcelles. Malaxez pendant 10 minutes, puis couvrez la terrine et laissez lever.

**3.** Lorsque la pâte a levé, pétrissez-la 10 minutes encore, puis partagez-la en deux. Abaissez chaque portion de pâte sur le plan de travail légèrement fariné en obtenant deux rectangles de 30 sur 40 cm environ. Répartissez les fruits macérés sur les deux abaisses en formant une couche régulière, puis roulez les deux pâtisseries dans le sens de la longueur. Vous obtenez deux pains farcis roulés. Badigeonnez-les rapidement avec le dernier jaune d'œuf.

**4.** Posez les deux roulés sur la plaque du four beurrée. Laissez lever pendant 30 minutes, puis faites cuire 30 minutes dans le four à 190 °C. Poudrez éventuellement de sucre glace; servez tiède.

Pour gagner du temps, vous pouvez utiliser soit de la pâte à pain achetée chez le boulanger, soit de la pâte feuilletée surgelée.

### LE MOBILIER TRADITIONNEL ALSACIEN

La Stube, "pièce à vivre", est particulièrement *heimlik :* mot presque intraduisible qui associe les notions de chaleur, de foyer et de confort. Le buffet à deux corps est en noyer ou en fruitier, parfois en sapin polychrome. La crédence massive à colonnes est typique du XVIIe siècle, tandis que le buffet à fronton en chapeau de gendarme est postérieur. Le buffet d'angle et les encoignures, qui se combinent avec les boiseries, sont très courants, en noyer, merisier ou sapin polychrome. La table rectangulaire et massive, avec ses pieds divergents, est surtout répandue en haute Alsace. Elle est entourée de chaises à pieds obliques et à dossier sculpté ou découpé. Le poêle joue bien sûr un rôle essentiel. En général, cette construction massive en faïence est adossée au mur de séparation entre la Stube et la cuisine, par où se fait son alimentation.

L'OGEI

## Les lebkuchen

Ces petites "langues" de pain d'épice sont au rendez-vous des fêtes de Noël, glacées de sucre et bien croquantes.

**PRÉPARATION :** 20 minutes
**REPOS :** 4 ou 5 jours
**CUISSON :** 30 minutes

**Pour environ 30 petits gâteaux**

**100 g** *de sucre en poudre*
**80 g** *de miel*
**250 g** *de farine*
**100 g** *d'amandes grossièrement râpées*
**100 g** *d'écorces d'orange confites*
**2** *œufs*
**10 g** *de cannelle*
**15 g** *de levure en poudre*
**125 g** *de sucre glace, kirsch*

**1.** Versez le sucre en poudre et le miel dans une petite casserole et faites chauffer en remuant. Versez le mélange dans une terrine, puis ajoutez la farine tamisée, les amandes, les écorces confites, 1 œuf et la cannelle. Mélangez intimement tous les ingrédients en les pétrissant bien, puis couvrez la terrine et mettez-la au frais. Laissez reposer pendant plusieurs jours.

**2.** Reprenez la pâte et rajoutez l'autre œuf ainsi que la levure, éventuellement un peu d'eau pour obtenir une consistance malléable, mais surtout pas trop molle. Abaissez la pâte sur le plan de travail fariné (5 mm d'épaisseur environ), puis disposez-la sur la tôle du four beurrée et farinée. Faites cuire pendant 30 minutes à chaleur moyenne.

**3.** Pendant ce temps, mélangez le sucre glace et le kirsch dans un bol avec un filet d'eau jusqu'à consistance bien tartinable. Sortez la pâte du four et badigeonnez-la copieusement de ce glaçage. Laissez sécher complètement, puis découpez la pâte ainsi glacée en languettes régulières. Elles se conservent très bien.

LES LEBKUCHEN

## Le fromage blanc aux myrtilles

Très facile à préparer, ce dessert est délicieux quand on peut profiter d'une bonne récolte de myrtilles.

**PRÉPARATION :** 10 minutes
**REPOS :** plusieurs heures
**PAS DE CUISSON**

**Pour 4 personnes**

**500 g** *de fromage blanc ou de lait caillé*
**500 g** *de myrtilles fraîches*
*crème fraîche*

**1.** Si vous pouvez vous procurer du lait caillé dans une ferme, c'est la solution idéale. Sinon, prenez du lait cru entier et versez-le dans une terrine bien propre. Ajoutez quelques gouttes de présure et laissez cailler au frais. Vous pouvez enfin utiliser du fromage blanc en faisselle.

**2.** Prélevez le caillé et répartissez-le dans des faisselles (récipients en fer blanc ou en porcelaine, munis de petits trous dans le fond et les parois, pour l'égouttage des fromages frais). Laissez égoutter jusqu'à la consistance de votre choix.

**3.** Triez et lavez les myrtilles sans les laisser tremper. Si vous le désirez, vous pouvez les faire "crever" rapidement dans une bassine à confitures sur feu vif avec un peu de sucre.

**4.** Fouettez vivement le fromage blanc ou le caillé avec 1 bonne cuillerée à soupe de crème fraîche par personne et servez avec les myrtilles.

Vous pouvez réaliser le même dessert avec des framboises sauvages ou des fraises des bois, voire un mélange de plusieurs fruits rouges.

LE FROMAGE BLANC AUX MYRTILLES

## La tarte à la cannelle

Très facile à réussir, cette tarte à la cannelle est parfaite en hiver, quand on apprécie la saveur des épices, comme celles qui parfument le vin chaud.

**PRÉPARATION :** 25 minutes
**CUISSON** 30 minutes

Pour **4** à **6** personnes

**250 g** *de farine*
**130 g** *de sucre en poudre*
**4** *œufs*
**25 cl** *de crème fraîche épaisse*
**1** *bonne cuillerée à soupe de cannelle en poudre*
**1** *gousse de vanille*
*sel fin*

**1.** Préparez une pâte brisée en mélangeant la farine avec 2 cuillerées à soupe de sucre, 1 pincée de sel et 1 œuf entier. Amalgamez rapidement les ingrédients avec un peu d'eau froide. Ramassez la pâte en boule et mettez-la au frais.

**2.** Préparez la garniture : cassez les trois œufs restants dans une terrine et battez-les en omelette. Ajoutez 100 g de sucre et fouettez jusqu'à consistance onctueuse. Incorporez ensuite la crème fraîche et la cannelle. Fendez la gousse de vanille, grattez les petites graines et ajoutez-les également.

**3.** Beurrez et farinez un moule à tarte. Abaissez la pâte sur le plan de travail légèrement fariné et garnissez-en le moule. Piquez le fond à la fourchette. Versez la garniture sur le fond de tarte et enfournez à 220 °C. Laissez cuire pendant 30 minutes, sortez la tarte du four et laissez-la refroidir complètement avant de la servir.

BOISSON CONSEILLÉE
**GEWÜRZTRAMINER**

LA TARTE À LA CANNELLE

### APPRÉCIER : CUISINE ET CULTURE

"En Alsace, à côté de l'art culinaire des grands chefs, il y a la cuisine régionale sans prétention mais combien savoureuse, dont les mets sont symbolisés par des termes alsaciens intraduisibles, pour la plupart poétiques en eux-mêmes. On s'interroge sur l'avenir des parlers dialectaux alsaciens : ils resteront vivaces aussi longtemps qu'il y aura des spécialités régionales dont voici quelques-unes : les flammekueche et le baeckeofe du nord de l'Alsace, les waja, les knepfle, les pfluta – qu'aimait tant le poète Nathan Katz – dans l'Alsace alémanique, les roigebragelti qu'on sert dans les fermes-auberges, les fleischschnake de la région de Thann, les schankela dont le nom a une discrète résonance érotique, et que l'on offre à l'occasion du carnaval." (Victor Hell, professeur à l'université de Strasbourg.)

C'est sans doute dans le domaine des gâteaux que l'Alsace est la plus riche en expressions et en mots locaux. Pour faciliter le choix du passant devant la vitrine d'une pâtisserie, voici un glossaire de quelques termes indispensables :

**anisbrod** : petit biscuit croquant à l'anis;

**bredle (ou broedel)** : petits gâteaux aux amandes en forme de cœur, d'étoile, de sapin, d'oiseau, etc.;

**eierkückas** : grosse crêpe enrichie de crème fraîche;

**jungfraukiechles** : beignets dit "de la vierge" en pâte levée;

**kafferkrantz** : gros bretzel semé de raisins secs;

**schenkele** : petit gâteau de Noël en pâte aux amandes;

**wecke et weckala** : petits pains.

LE BIREWECKA

## Le birewecka

Ce pain aux fruits secs est une pâtisserie rituelle pour Noël. On en offre avant la messe de minuit, parfois avec une boisson chaude. N'oubliez pas de commander à l'avance la pâte à pain chez votre boulanger.

**PRÉPARATION :** 25 minutes
**CUISSON :** 45 minutes
**REPOS :** 2 heures 30

**Pour 6 personnes**

- **150 g** *de pruneaux dénoyautés*
- **100 g** *de raisins secs sans pépins*
- **200 g** *de poires séchées en rondelles*
- **6** *figues séchées*
- **50 g** *de cerneaux de noix*
- **3** *cuillerées à soupe de sucre*
- **1** *cuillerée à soupe de zeste d'orange râpé*
- **1** *dizaine de cerises confites*
- *cannelle et anis en poudre*
- **1** *petit verre de kirsch*
- **250 g** *de pâte à pain*
- **50 g** *d'amandes effilées*

**1.** Faites tremper les pruneaux, les raisins secs et les poires séchées dans de l'eau tiède pendant 30 minutes. Égouttez-les, épongez-les, puis hachez-les grossièrement, ainsi que les figues.

**2.** Mélangez les poires, les pruneaux, les figues, les raisins secs, les noix, le sucre, le zeste d'orange, les cerises confites et les épices (comptez 1 bonne pincée de chaque) dans une terrine. Ajoutez le kirsch et laissez reposer plusieurs heures pour que tous les arômes se mélangent bien.

**3.** Étalez grossièrement la pâte à pain sur le plan de travail légèrement fariné, posez-y en tas allongé le contenu de la terrine, puis malaxez le tout pendant plusieurs minutes pour bien incorporer la garniture en la répartissant dans la pâte.

**4.** Façonnez la pâte farcie de fruits en forme de pain oblong et garnissez le dessus avec les amandes. Vous pouvez badigeonner le pain avec un peu de miel. Beurrez la plaque du four et posez-y le pain aux fruits. Laissez cuire à chaleur moyenne de 40 à 45 minutes. Sortez le pain du four et laissez refroidir complètement.

LA CRÈME GLACÉE
AU GEWÜRZTRAMINER

## La crème glacée au gewürztraminer

C'est le fameux marc de gewürztraminer qui sert de parfum à ce dessert glacé aussi raffiné que facile à réussir.

**PRÉPARATION :** 25 minutes
**PRISE AU FROID :** 12 heures

**Pour 4 personnes**

**3** *œufs*
**100 g** *de sucre en poudre*
*gewürztraminer*
**25 cl** *de crème fraîche*
*marc de gewürztraminer*

**1.** Cassez les œufs et séparez les blancs des jaunes. Placez une jatte au bain-marie dans une casserole d'eau frémissante posée sur feu modéré. Mettez les jaunes d'œufs et 50 g de sucre dans la jatte, ajoutez 1 cuillerée à soupe de vin et fouettez vivement jusqu'à consistance mousseuse, comme pour un sabayon. Retirez du feu et laissez refroidir.

**2.** Par ailleurs, fouettez la crème fraîche en chantilly, puis montez 2 blancs d'œufs avec le reste de sucre jusqu'à consistance très ferme. Mélangez délicatement la crème aux jaunes d'œufs, la chantilly, les blancs en neige et le marc de gewürztraminer.

**3.** Versez la préparation bien homogène dans des grands ramequins ou dans un moule à glace en plastique (d'une contenance de 50 cl environ). Faites prendre au froid dans le congélateur.

Servez avec un petit verre de marc par personne. Pour un parfum vraiment original, essayez de remplacer le marc de gewürztraminer par de l'eau-de-vie de houx, une rareté que l'on trouve dans la région d'Ammerschwihr, ou encore de l'enzian, liqueur à base de racines de gentiane jaune.

## Les beignets de carnaval

Autre gourmandise liée à une fête du calendrier, ces beignets de pâte sont parfumés au kirsch et au zeste d'orange.

**PRÉPARATION :** 15 minutes
**REPOS :** 1 heure
**CUISSON :** 15 minutes

**Pour 6 à 8 personnes**

**1** *orange*
**100 g** *de beurre*
**300 g** *de farine*
**4** *œufs*
**50 g** *de sucre en poudre*
*kirsch*
*huile de friture*
*sucre glace*
*sel fin*

**1.** Râpez très finement le zeste de l'orange sans entamer la peau blanche (sinon elle donnerait de l'amertume). Par ailleurs, faites fondre le beurre. Versez la farine dans une terrine en la tamisant. Ajoutez les œufs entiers, 1 pincée de sel, le beurre fondu, le sucre en poudre et le zeste d'orange.

**2.** Mélangez soigneusement les ingrédients avec une cuiller en bois, puis ajoutez 2 ou 3 cuillerées à soupe de kirsch.

**3.** Malaxez la pâte pendant quelques minutes jusqu'à consistance bien lisse et souple, puis ramassez-la en boule. Couvrez d'un torchon et laissez reposer pendant 1 heure au moins.

**4.** Posez la boule de pâte sur le plan de travail légèrement fariné et abaissez-la au rouleau sur 5 mm d'épaisseur. Découpez des formes variées géométriques (carrés, losanges, rectangles, étoiles) avec une roulette à pâte. Les morceaux ne doivent pas être trop petits.

**5.** Faites chauffer le bain de friture et plongez-y les morceaux de pâte par petites quantités (surtout si la bassine à friture ou la friteuse est de petite taille). Retournez-les pour les faire dorer des deux côtés, puis égouttez-les. Poudrez abondamment de sucre glace et servez chaud ou froid.

Une autre recette de beignets consiste à utiliser une pâte levée voisine de celle du kouglof. Vous pouvez aussi poudrer vos "fasnachtkichle" (tel est le nom alsacien de cette gourmandise) de sucre en poudre mélangé à de la cannelle.

LES BEIGNETS DE CARNAVAL

AH
Kirsch

ALSACE GRAND CRU
Stentz-Buecher
GRAND CRU STEINGRÜBLER
Gewurztraminer 1991
Cuvée du Baron de Maltzan
munster

*L'Alsace est la seule région française qui possède à la fois une tradition vinicole et une tradition brassicole : c'est-à-dire que le vin et la bière se partagent les faveurs des convives selon le goût et l'occasion. Si les origines exactes du vignoble alsacien ne sont pas clairement élucidées, on estime toutefois que, selon toute probabilité, il fut créé par les Romains. La chance voulut que la culture de la vigne ne soit pas réduite à néant par la chute de l'empire, et l'on vit ainsi briller assez tôt dans l'Histoire le renom des grands vins blancs d'Alsace.*

# Boissons ET Fromages

*Quant aux bières d'Alsace, elles ont certes perdu leur nature artisanale et n'ont plus le caractère et la diversité que peuvent conserver celles d'outre-Rhin. Néanmoins, les brasseries locales offrent encore, çà et là, d'intéressantes découvertes.*

Ribeauvillé, au nord de Colmar, est l'un des plus beaux villages de la route des vins.

En Alsace, les vins portent les noms des cépages dont ils sont issus.

#### HISTOIRE MODERNE DU VIGNOBLE D'ALSACE

Ce sont les moines qui, au Moyen Âge, s'employèrent à revaloriser le vignoble alsacien, de sorte que le commerce des vins se développa, en suscitant d'ailleurs jalousies et convoitises entre les évêchés, qui étaient les propriétaires naturels de ces sources de richesse.
Mais ce potentiel fourni par un vignoble réputé ne manqua pas, bientôt, d'intéresser la noblesse qui, par le biais du droit de banvin, s'octroya sans coup férir le monopole des ventes de vins pendant une partie de l'année. Les parcelles de vigne passèrent ainsi peu à peu des mains des moines à celles des nobles, mais sans que la qualité des vins produits n'en souffre, car les nouveaux propriétaires restaient soucieux de préserver leurs atouts.
Mais l'ère de prospérité du vignoble alsacien se conclut à la fin du XVIIe siècle, lorsque de riches bourgeois commencèrent à racheter à leur tour des parcelles, mais sans plus se préoccuper aussi constamment de qualité, d'où l'introduction de cépages secondaires à côté ou à la place des cépages nobles. Situation qui alla empirant jusqu'au moment où, l'Alsace étant annexée à l'Allemagne, ses pauvres vins blancs trop sucrés et sans caractère servaient tout bonnement à couper les crus allemands. Le mildiou, l'oïdium et le phylloxéra finirent par achever ce qui pouvait rester de valable du vignoble, et, lorsque l'Alsace revint à la France, il fallut près de vingt ans de travail acharné pour redonner vie et cohérence aux vignes. Ce qui fut fait, car les vins d'Alsace furent dotés de l'appellation d'origine contrôlée en 1962. Enfin, autre élément décisif, en 1972, un décret imposait la mise en bouteilles dans la zone de production.

#### LA GÉOGRAPHIE DU VIGNOBLE

C'est d'abord l'emplacement le plus septentrional de France, en lisière d'une vaste plaine orientée vers le soleil levant et isolée des vents d'ouest par des sommets couronnés de forêts. La longue brisure qui fait la frontière entre les Vosges et la plaine d'Alsace est en outre irrégulière et elle prend de multiples formes, de sorte que les sols des vignobles se révèlent très différents et connaissent des expositions diverses.
En réalité, le vignoble alsacien est sans doute le plus varié de France. Il s'étire de Marlenheim, au nord, jusqu'à Thann, au sud, sur 160 kilomètres de long environ. Mais la fameuse route des vins, jalonnée par ces noms devenus célèbres – Obernai, Bergheim, Ribeauvillé, Hunawihr, Riquewihr, Kaysersberg, Ammerschwihr, Turckheim, etc. – est loin d'être faite d'une seule pièce. Se côtoient en effet des sols argilo-calcaires ou sableux, des coteaux argilo-siliceux ou pierreux, sans oublier des plaines alluviales, du grès ou des roches volcaniques. De sorte que, malgré l'utilisation des mêmes cépages, les

vins alsaciens offrent une palette extraordinairement diversifiée. À l'image de ce qui se passe en Bourgogne, et selon un modèle traditionnel qui joue des clos, des villages et des climats, on a tenté avec succès de clarifier la situation, tout en rehaussant l'éclat de certaines origines : vingt-cinq grands crus ont été classés tels en 1975 et vingt-deux autres ont été approuvés par l'Institut des appellations d'origine en 1987.
Le vignoble alsacien est morcelé à l'extrême, et la superficie moyenne d'une propriété tourne autour de 5 hectares : une miniaturisation qui encourage le talent des bons vinificateurs. Mais, selon la tradition, il a toujours été de règle en Alsace de différencier les vins en fonction des cépages et non des terroirs ou des origines géographiques.

### LES CÉPAGES ALSACIENS

Les cépages "communs" ont tous été pratiquement éliminés ou sont tombés en désuétude, de sorte que ne subsistent aujourd'hui essentiellement que les cépages "nobles". Parmi ces derniers, un quatuor particulier constitue pour ainsi dire une élite. Le riesling est le plus prestigieux, c'est un cépage blanc qui continue de mûrir par temps froid. Le gewürztraminer est une variété aromatique du traminer (gewürz veut dire "épicé"), également blanc. Le pinot gris est appelé aussi tokay et se caractérise par une pointe d'amertume. Enfin, le muscat est représenté par deux variétés, avec le muscat d'Alsace à petits grains et l'ottonel, bien adapté aux conditions climatiques. Viennent ensuite, comme autres cépages, le pinot blanc (variété blanche de pinot noir, assez fin), le pinot noir (qui donne les seuls vins rouges et rosés d'Alsace) et le sylvaner, cépage alsacien de loin le plus productif. Enfin, il faut citer à titre de curiosité le traminer, variété de savagnin (blanc), spécialité presque exclusive d'un village du Bas-Rhin nommé Heiligenstein.
Les vins d'Alsace les plus prestigieux ne proviennent que de l'un des quatre cépages nobles et de l'un des vingt-cinq

*La Winstub (taverne-auberge) est le point de ralliement de la convivialité alsacienne (dessin de l'auberge* Michaely*).*

*La palette des vins et des fromages d'Alsace.*

terroirs classés grands crus. Certaines mentions complémentaires signalent des bouteilles d'exception : il s'agit des "vendanges tardives" ou de "sélection de grains nobles". Ces deux pratiques subtiles ont comme objet d'exploiter la surmaturation des raisins (et donc l'augmentation de la teneur en sucre) ou même de sélectionner les meilleurs grains (comme à Sauternes), ce qui donne des vins millésimés de très longue garde, dont les arômes sont prodigieux.

### DES BLANCS ET UN ROUGE

Fin, élégant et distingué, le riesling est souvent placé en tête des vins d'Alsace. Il concilie une acidité justement dosée et un fruité profond, avec un arôme délicat de tilleul, mais beaucoup de subtilité et de profondeur. Son bon âge se situe entre deux et six ans. Il accompagne aussi bien les fruits de mer que les poissons en sauce ou la choucroute.

Sec et suave, le gewürztraminer possède des arômes voluptueux, capiteux, avec des senteurs de roses passées, qui font merveille avec deux extrêmes : le foie gras de Strasbourg ou le munster au lait cru entier. Issu de vendanges tardives, il atteint des sommets.

Le tokay (pinot gris) a de l'ampleur. Il est moins épicé que le précédent, mais il est corsé, avec un petit goût fumé qui fait belle escorte aux viandes et volailles rôties, au petit gibier et même aux plats relevés de moutarde.

Le muscat est un blanc sec, bien bouqueté, frais et franc, à boire plutôt jeune pour apprécier son goût de fruit croquant, qui accompagne bien les pâtisseries mais peut aussi se boire en apéritif.

Le sylvaner, léger, vif, voire guilleret, est parfaitement désaltérant. Il est sans complication et trône volontiers sur les tablées entre amis où l'on mange une cuisine simple, que dominent les charcuteries.

Le klevner (ou pinot blanc), issu d'un assortiment de cépages, est bien équilibré, sec et souple à la fois, avec une agréable fraîcheur fruitée qui ressort bien sur la charcuterie et les poissons.

Enfin, le pinot noir, héritier d'une longue tradition, désigne les seuls vins rouges et rosés d'Alsace, à consommer après quelques années de garde. Ces vins bien équilibrés et fruités sont en plein renouveau. On les appréciera

avec des viandes rouges ou du gibier. Les crémants d'Alsace, blancs ou rosés, sont des vins effervescents qui connaissent actuellement un réel succès.
Il faut également mentionner l'appellation alsace-edelzwicker (ou alsace tout court), vin d'assemblage (de cépages nobles dans le cas de l'edelzwicker), mais sans caractères définissables car aucun cépage n'est dominant. On le déguste surtout dans les winstub (tavernes).
Le vignoble alsacien, souvent méconnu en France, recèle d'authentiques trésors. Tous sont en général légers et proches du fruit. Ce sont des vins à boire en toute circonstance, notamment quand on s'interroge sur un accompagnement. Ils constituent en outre une gamme unique et complète : par exemple muscat en apéritif, sylvaner avec des fruits de mer ou tokay avec un foie gras, riesling avec le poisson, pinot noir avec le gibier et vendange tardive avec le dessert.

## LA TRADITION DES BIÈRES D'ALSACE

"C'est avec la bière que la soif commence à devenir belle", dit un proverbe de Strasbourg, ville où les premières brasseries ont vu le jour au XIIIe siècle. Aujourd'hui, l'Alsace continue de produire sans conteste les meilleures bières "basses" françaises (pâles et houblonnées, à l'inverse des "hautes", qui sont en général des brunes comme les anglaises ou les belges). Il n'existe presque plus d'artisans brasseurs, même si certaines bières "industrielles" continuent d'exploiter l'image de marque de la tradition ancestrale. Fischer-Pêcheur est le plus petit groupe français de brasseries, mais le seul indépendant en Alsace. Sa Belle Strasbourgeoise est brassée selon des principes voisins de la loi de pureté allemande. La Rheingold et l'Adelscott sont deux autres produits de qualité. Par ailleurs, Albra, autre groupe alsacien sous contrôle hollandais, englobe des brasseries essentiellement connues par la Mutzig et l'Ancre, douces et rafraîchissantes.

## LA GLOIRE DE MUNSTER

La petite ville de Munster, dans le Haut-Rhin, porte un nom qui signifie monastère, devenu synonyme de fromage alsacien. Son appellation d'origine contrôlée date de 1969 et son terroir s'étend aux versants alsaciens et lorrains des Vosges, jusqu'au Territoire de Belfort, mais les meilleurs munsters (ou munster-géromé) sont des fromages fermiers, fabriqués en été sur les hautes chaumes, vastes étendues herbeuses qui s'étendent à plus de 1 000 mètres d'altitude, au-dessus des forêts de sapins, ou en hiver à la ferme, dans la vallée de Munster, à Remiremont ou à Gérardmer (que l'on prononce Gérarmé à la lorraine, mot qui se déforma en géromé). C'est une pâte molle à croûte lavée, au lait de vache cru et entier (45 % de matière grasse au minimum), qui se présente sous forme de disque de 20 centimètres de diamètre environ. Le "vrai" est vendu nu, pas dans une boîte. Sous une croûte fine et lisse, légèrement humide, jaune orangé ou rougeâtre, mais jamais poisseuse, la pâte souple et onctueuse dégage une odeur typique qui va de pair avec une saveur franche et relevée. Les amateurs apprécient le munster nature, avec des pommes de terre en robe des champs. Plusieurs mois d'affinage sont nécessaires à la maturation complète de cette pâte magnifique, mais sur place, en Alsace, on consomme aussi volontiers le munster peu fermenté, presque blanc.
Il existe aussi en Alsace une autre préparation fromagère traditionnelle, mais d'inspiration domestique : le bibbelkäse, une pâte fraîche au lait de vache entier, aromatisée au raifort et aux fines herbes, mise à macérer pendant deux jours. À déguster en dessert ou en casse-croûte avec de la bière et du pain de seigle.
Les Alsaciens disposent également d'un fromage de trappiste, l'oelenberg, dont la pâte est souple et la saveur douce.

*Plusieurs mois sont nécessaires à la complète maturation du munster. Le cumin des prés est son condiment favori depuis le XVII e siècle.*

# QUATRE MENUS POUR CHAQUE SAISON

## PRINTEMPS

**Repas du jour de Pâques**

- *La tarte aux asperges*
- *Le lièvre à la crème*
- *Les nouilles fraîches à l'alsacienne*
- *Le kouglof aux amandes*

**Dîner sur la terrasse**

- *Les écrevisses au court-bouillon*
- *Le schieffala*
- *Les pflutters*
- *Les pommes en streusel*

**Déjeuner en tête à tête**

- *Les asperges au jambon*
- *L'émincé de bœuf au foie gras*
- *Les knepfles*
- *La crème glacée au gewürztraminer*

**Dîner en famille**

- *La salade de volaille à la choucroute*
- *Le baekenofe*
- *Le bettelman*

## ÉTÉ

**Repas de fête**

- *La salade de presskopf*
- *Le kouglof aux lardons*
- *Le saumon aux mousserons*
- *La tarte à la rhubarbe*

**Déjeuner au bord de l'eau**

- *Les cuisses de grenouille en beignets*
- *Les truites au bleu*
- *La salade de gruyère aux pommes de terre*
- *La tarte aux quetsches*

**Souper tardif**

- *Les tartelettes flambées*
- *Le poulet aux écrevisses*
- *Les galettes de pomme de terre*
- *La soupe aux cerises*

**Déjeuner entre amis**

- *Le potage aux grenouilles*
- *Les grenadins aux fines herbes*
- *Le fromage blanc aux myrtilles*

## AUTOMNE

**Repas de la Saint-Martin**

- *La tourte à l'alsacienne*
- *L'oie à la strasbourgeoise*
- *La purée de céleri*
- *La crème glacée au gewürztraminer*

**Déjeuner de chasse**

- *Les charcuteries assorties*
- *La tourte à l'alsacienne*
- *Le pot-au-feu de lapin*
- *Les lebkuchen*

**Dîner au coin du feu**

- *La soupe des vendangeurs*
- *Le chevreuil aux poires*
- *La tarte à la cannelle*

**Dîner en famille**

- *La soupe à l'orge perlé*
- *La salade au cervelas*
- *Le faisan à l'alsacienne*
- *La tarte aux myrtilles*

## HIVER

**Repas de Noël**

- *Le jambon en croûte*
- *Les noisettes de chevreuil*
- *Les spaetzle*
- *Le birewecka*

**Dîner entre amis**

- *Les escalopes de foie gras aux pommes*
- *La choucroute garnie*
- *Les petits gâteaux à l'anis*

**Repas du jour de l'an**

- *La soupe à la bière*
- *Le brochet au riesling*
- *Le filet de bœuf au pinot*
- *L'ogei*

**Déjeuner en famille**

- *La salade de choucroute*
- *Les harengs au raifort*
- *Le chou rouge aux pommes*
- *Les beignets de carnaval*

# INDEX GÉNÉRAL

# Index alphabétique des recettes

Cet ouvrage appartient à la collection
CUISINES RÉGIONALES DE FRANCE.
Il a été conçu, pour Time-Life Books B.V., par les Éditions HOA-QUI, sur une idée originale de Michel Renaudeau.
Il a été réalisé par COPYRIGHT, Paris.

**ÉDITIONS TIME-LIFE**

*Directrice de l'édition :* Dominique AUBERT
*Coordination de la collection :* Francine YVINEC

**ÉDITIONS HOA-QUI :**

*Directeur de collection :* Michel RENAUDEAU
*Auteur :* Sylvie GIRARD
*Photographies :*
Christophe et Emmanuel VALENTIN
*Stylisme :*
Flore VALENTIN et Annabelle BOURRELY
*Coordination iconographique :*
Magali MADEC
© HOA-QUI
*Concept graphique :* Jacques HENNAUX
*Maquette :* Nicole LEYMARIE
*Carte :* Chantal SCOLARO



ISBN : 2-7344-0693-4



Imprimé par GEA, Milan, Italie
Relié par GEP, Crémone, Italie
Photogravure par Fotolitomec S.A.S., Milan, Italie
Dépot légal : juillet 1994
Imprimé en Italie

30 29 28 27 26 25 24 23 22 21 20 19 18 17 16 15 14 13 12 11 10 9 8 7 6 5 4 3

**L'AUTEUR :**

Sylvie GIRARD, spécialiste de la gastronomie française, n'a qu'une passion : faire partager ses connaissances et son goût de l'art culinaire français. Journaliste, elle est aussi l'auteur d'une trentaine d'ouvrages sur la cuisine et la gastronomie, dont : *les Plaisirs de la table, le Guide du chocolat, les Objets de cuisine et de gourmandise* (qui a reçu le prix Alexandre-Dumaine, en 1992). Sylvie GIRARD a également reçu le prix Brillat-Savarin, venu couronner son expertise en matière de gastronomie.

**LES PHOTOGRAPHES :**

Pour Christophe et Emmanuel, les frères Valentin, le plaisir de la table passe d'abord par le plaisir des yeux. Élevés dans une famille d'artistes de Vallauris, les deux photographes ont acquis le sens des formes et des couleurs dans la galerie de peinture du père et le goût des bonnes choses dans la cuisine provençale de la mère. Après avoir baladé leur œil curieux à travers le monde, à la recherche d'images exotiques, ils consacrent aujourd'hui leur art aux saveurs des provinces françaises.

**REMERCIEMENTS :**

Les ÉDITIONS TIME-LIFE, ainsi que Christophe et Emmanuel VALENTIN, tiennent à remercier les Restaurateurs, Chefs et autres Personnalités de l'Alsace qui, par la mise à disposition de leur temps et de leur compétence, ont participé à la bonne réalisation de cet ouvrage :

Mesdames Yane REBUCHON et Marguerite SHENC de l'hôtel-restaurant "Hôtel des Vosges", à Ribeauvillé;
Monsieur et Madame Daniel RUBINE du restaurant "La Couronne", à Baldenheim;
Monsieur Philippe CLAUSS du restaurant "Au Moulin de La Wantzenau", à La Wantzenau;
Messieurs Jean et Michel ORTH de l'hôtel restaurant "Hostellerie à l'Écrevisse", à Brumath;
Messieurs Daniel et Patrick FLORANC de "L'Auberge du Père Floranc", à Wettolsheim-Colmar;
Monsieur et Madame Laurent et Françoise MEISTERMANN du Winstub, restaurant "Zum Pfifferhüs", à Ribeauvillé;
Messieurs Philippe et Robert VELTEN de l'hôtel restaurant "Au Lion d'Or", à la Petite-Pierre;
Messieurs François MICHAELY et Éric FUCHS de "L'Auberge d'Imsthal", à la Petite Pierre;
Messieurs Gabi MEYER et Blaise MEYER du restaurant du "Vieux Pressoir", clos Saint-Apoline, à Rouffach;
Et plus particulièrement Monsieur Claude IZARD, Président des RESTAURATEURS DE MÉTIER DES PROVINCES FRANÇAISES.